從我開始的關係功課

先和自己打好關係，才能與他人建立好感連結

羅鈞鴻（小虎）
徐慧玲 Lynn ——著

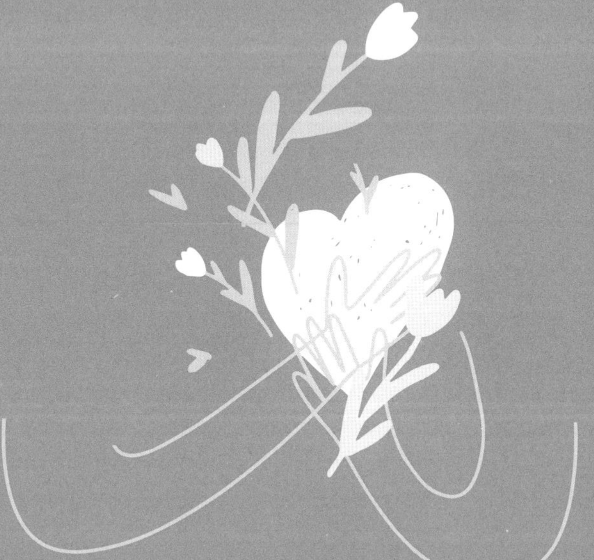

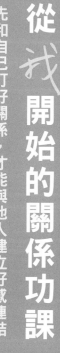

目錄

Chapter 1

和自己的相處

Chapter 2

和他人的關係

Chapter 3

讓關係自在的對話方式

推薦序

當我們認知彼此是不同個體時，就能用尊重且正向的角度來看待關係

張忘形

在接到這篇邀請時，我覺得我非常榮幸，也非常有資格XD。畢竟我和兩位老師當過室友，從交往前一路看到現在，而我想說既然他們都邀請我來寫推薦序了，當然就是要來偷偷爆他們的料，所以請容許我以一個高高在上的角度來分析。

老實說，我一開始並不看好他們，因為剛開始的時候，兩邊的風格差異其實滿大的。小虎很有想法，也散發出很多魅力，但你會發現他總是筋疲力盡，把所有能量帶給別人。慧玲則是很有衝勁，也很有悟性，跟她一起上課的時候，你總是會被她高超的理解力，以及細微的觀察力所折服，但你會發現她很認真地在獲得能力，

希望能夠證明自己。

想想這兩個人在相處的時候，是不是都用了很多力氣，很可能給了彼此許多，但卻也很可能會帶來一些爭吵，甚至因為他們是共同創業，也很常對目標有不同想法，我甚至也參與過幾次討論。

但一般人遇到爭吵，可能想的是退讓或是爭贏對方，甚或是以後遇到這個狀況，就閃躲或是覺得心累。然而他們從這些衝突中得到養分，反而讓衝突變成解決問題的時機。

例如當需要冷靜時，給彼此的「貓咪時間」，這時候我們都不會覺得對方對我冷暴力，而是明白等彼此思考後，能夠有更好的對話空間。

或是把心中價值觀與實際說法調整的「大聲音，小聲音」，把目標和情緒分開來，讓目標能達成，但不要讓情緒傷人，都是能夠讓彼此關係更和睦的方法。

所以當我發現他們的衝突越來越少，對話越來越多，以前我可能還需要偶爾客串一下和事佬，但慢慢地，我反而從他們身上學到越來越多，而這也就是本書想和你分享的事情。

有時候，我們覺得這個世界帶著惡意，但會不會是因為我們忘記了善待自己？有時候，我們覺得對方為什麼這樣對自己，但會不會是我們沒有劃出界線，勇敢地說「不」？

如果你還記得，我之前覺得小虎總是把自己弄得精疲力盡，但現在的小虎，總是只把時間放在值得的事情上。也是他跟我分享，只接值得的課程，這樣的課程能量才能夠滋養自己，當我們不被消耗的時候，才能傳遞更好的能量給同學，所以在他的每堂課程中，總能感受到他傳遞出來的質感與氛圍。

而以前那個總是想證明自己的慧玲，你能夠感受到她傳遞出來的支持與關懷。以前她總是委屈自己，想變成你喜歡的樣子，希望你能夠肯定她、多一些在乎，甚至對於過去的關係耿耿於懷，覺得非常難受。但現在的她，總是更著力在支持別人，總能從你身上看出你沒看見的優勢。因為她不再需要別人的肯定，反而能夠透過肯定自己、肯定他人，並把每一份過去的經歷，看成寶貴的禮物。

老實說，也許外在的環境沒變，但他們的想法改變後，身邊的一切都變得不一樣了。所以我猜，這就是為什麼他們的節目和這本書叫做《從我開始的關係功課》。很多人都把關係放在對方身上，希望透過改變對方、討好對方，來獲得關係的進展，又或是懷疑自己，感到焦慮，擔心自己無法獲得想要的目標。

但會不會是因為我們沒有善待自己，就無法善待對方？甚至我們會希望藉由付出，讓對方能善待自己，導致期望過高，最後造成爭執。

而這不只是伴侶，可能是孩子，可能是同事，可能是朋友。當我們認知彼此是不同個體時，就能用尊重且正向的角度來看待關係，更能獲得彼此的信任。

如果你有一些「啊哈」，我想你更應該翻開這本書，因為透過小虎和慧玲的分享，你會發現原來我們都曾經遇過一樣的事情，而他們也已經把解法準備好了。

讓我們在這本書中，透過他們的文字看見自己，也一起實踐從我開始的關係功課吧！

（本文作者為溝通表達培訓師）

推薦序

梳理自己，榮耀彼此；修己慎獨，春風共舞

楊斯棓

慧玲、小虎是一對亮眼的年輕夫妻，說話聲入人心，教學有口皆碑，待人溫暖有禮，我曾邀請他們到住所聚餐，用行動表達我對他們的期許與支持。

他們是夫妻，是戀人，亦是工作夥伴。把這三重關係經營好，談何容易？他們攜手傾心寫出這本「梳理自己，榮耀彼此」之作，一步步協助讀者自我修煉，達到寵辱不驚的境界。

有多少名義上的夫妻，已不再把彼此視為戀人。

以「室友」相稱的夫妻，倒不一定感情不好，往往自嘲成分居多，但有多少夫妻，在另一半心中，確實只剩下「室友」這個角色。

本文撰文時，某醫院院長傳出婚外情，只得辭官以平息風波。

很多家長反對未成年人談戀愛，理由往往是還不成熟，不適合談感情，但試問社會新聞裡，有多少成年人、老年人（尤其許多位高權重者）亦因情慾而惹一身腥？

夫妻本該是人生旅途最佳合夥人，互為左右手，了解對方的核心價值應該僅是低標。

把夫妻關係經營好的前提是：有能力覺知自己的狀態，照顧好自己。慧玲筆下，除了談兩人相處，也談遠離負能量人、黑洞人，譬如專章〈練習離開能量吸血鬼的朋友〉。

我有一個朋友L君出書後銷售不如其預期，用很羨慕的口吻跟我說：「楊醫師我不像你朋友這麼多，這麼多人主動挺你。」交淺言深，君子所忌。那位朋友算有些交情，我就跟他說點真心話。

其實不是他們「單方面主動」，而是我們持續有互動。臺諺講：「有來有往，沒來清爽。」二十多年前就開始有所往來的朋友，我三不五時會在臉書分享我們相識、合作的愉快過往，我與某些特別疼愛我的長輩會定期聚餐，輪流作東。

試問我出書的時候，這些有所往來的朋友、長輩，會「惦惦不出聲」嗎？如果他沒出聲，我們也不用懊惱，也許他家中有急事得處理，我們得有體諒他人的情懷。

朋友P君說，上次他有個臉友出書，私訊請他幫推，允諾互推，他幫推了，可是對方好像都不作聲，他感覺被利用完後對方就此拍拍屁股走人。

推書跟捐款，本來都是好事。但再講細一點，樂捐才是好事，不樂之捐，人人皺眉。

推書也是一樣。《人生路引》在二〇二〇年十月出版，到現在二〇二三，算年分都已經第四年了，成大教授蘇文鈺最近分享他數篇閱讀心得，寶島新聲總經理賴靜嫻還安排我上節目聊書，連出版社都驚呼：「楊醫師你的打書期有夠長。」

如果我一出書就私訊蘇教授跟賴總，希望短期內我的書能在他們的自媒體或媒體上曝光，對方是不是因此充滿壓力？彼時對方的時間軸，必然有其他更重要的事情，因緣具足的時候，湧現的心得，呈現的專訪，效果才會最好！

很多事情沒強求，卻默默來到我眼前。

我讀了累積三十萬粉絲的凱莉哥所寫的《心中住著野孩子》，頗有共鳴，前後跟她私訊幾次致意。我打算二〇二三年四月邀請臉友閱讀後分享心得，我根據投稿篇數，捐贈同等數目的書籍（不是我的書，是我挑的書）給丹鳳高中圖書館。

此中的「流」若不順暢，每個環節都會變成苦差事。

回到我那個朋友P。漢隆剃刀原則說：「能解釋為愚蠢的，就不要解釋為惡意。」我改寫為：「若可以歸咎疏懶或無心，不要用愚蠢或惡意來解讀。」

無心、疏懶、愚蠢、惡意的朋友，人人都怕。

回頭審視，你廣義的朋友（也許包括臉友跟line群裡能連繫彼此者）中，有沒有察覺誰對你所重視的價值總是帶著惡意抨擊，誰對你重視的事情或場合表現的總是疏懶無心。這些人，你可能要適時斷捨離，才不會消耗自己。

〈再見好好先生、好好小姐，取回人生主導權〉這篇小虎的分享，特別警世。

曾有朋友想請我幫忙，但他還沒有拍板最後日期，也尚未決定將如何進行，說實在這種狀況我也不知從何幫起，但前前後後，我也花了不少時間聽他說明。

飯局上認識的年長朋友，突然傳line訊息說：「你在臺北嗎？現在忙嗎？」如何正確解讀這樣的訊息，如何定義這樣的「朋友」，跟你有沒有辦法掌握人生主導權，高度相關。

我跟朋友約吃飯，喜歡約兩個人或四個人共餐，我認為這是最好的組合，通常一個人講，另外一到三個人，都會專心聽。有本書叫《別以為還有二十年，你跟父母相處的時間其實只剩下五十五天》，作者不是吸睛標題黨，他是這樣算的：如果你的父母現在已經六十歲，父母平均餘命以二十年計算 x（二十六天 x 二小時＋二天 x 七小時）＝一三二〇小時＝五十五天。

說明：兩週回家吃一次飯，一次以兩小時計。除夕、初一這兩天陪父母，一天七小時計。

還有一本書叫《人生四千個禮拜：時間不是用來掌控的，直面「生命的有限」，打造游刃有餘的時間運用觀》，你還有幾個禮拜？你有沒有好好照顧好自己？有沒有好好和家人相處？

《從我開始的關係功課：先和自己打好關係，才能與他人建立好感連結》一書揭示了如何 from good to connection，你得先學著適時放過自己，並秉持正念思考，這才能長期穩定的與貴人建立好感連結！

（本文作者為《人生路引》作者、醫師）

各界推薦

由慧玲跟小虎來談關係這件事，實在是再適合不過。他們是親密伴侶也是工作夥伴，從真實經驗中出發，帶著讀者認識自己、重視自己，在人我間處於自在安適的狀態，推薦給想要自我成長的你。

——作家、講師／余懷瑾（仙女老師）

在談溝通的書很多，但這本書是少數我覺得寫得很實用，字句又溫暖的。有些書裡面作者的話和示範，你會覺得「這種話在溝通的時候我才想不出來！」但讀完這本書你會發現，真正重要的並不是你講什麼，而是你心裡面的「大聲音」和「小聲音」，以及你每一次溝通的時候，幫自己設定的目標是什麼。

有些時候你講的話對方聽不懂，是因為你也沒有那麼懂自己；有些時候對方聽不進去你的話，是因為你沒有先聽進去對方的話。

無論是對同事、朋友、親密伴侶，甚至擦肩而過的路人，每次在練習溝通的同時，其實也是在練習界線。

特別推薦給「總是說好」，而忘記聆聽自己內在聲音的你！

——Podcaster／海苔熊

先有我，才有我們；因為我們，所以我變得更好。這是一本從關係探討自我的書，從兩位作者的對話與互動視角，讀來溫暖舒服，又發人深省，幫助你在關係中，成為更好的自己。

——諮商心理師、暢銷作家／陳志恆

從「我」旁為人開了一道門，才有了我們。

記得一次跟歌手朋友說，因為自己是歌唱老師，所以沒有人會單純唱歌給我聽。沒放在心上的我，竟換得了歌手朋友在台上的獻唱「威宇，我唱歌給你聽。」原來，我需要說出需要，而且會有人在乎我的需要。

不敢說出需要嗎？一起跟著我親愛的朋友小虎跟慧玲一起練習關係吧！我們一起：）

——Mr. Voice 陳威宇歌唱教學系統創辦人／陳威宇

這世界上很多問題，都是從沒有好好認識、同理、觀照自己開始。謝謝小虎和慧玲以他們親身實踐「自我覺察─好奇─轉換─做出不同選擇」的經驗，寫了這麼一本溫暖且實用的書，相信一定可以幫助許多人和自己，以及身邊重要的人建立理想的關係。

——不正常人類研究所所長／張修修

這世界上有形形色色的人，有少數自我意識強烈的人，我行我素、活得轟轟烈烈；卻有更多人像你我一樣，努力不是只為自己，更多是為了家人、為了伴侶的笑容。

心裡總惦念愛著的人，沒有不對。但忘了在每一次付出的同時，關照自己的感受，在無止盡的成全裡壓扁自己，真正愛你、在乎你的人，並不會快樂。

關係是有來有往、不是單向成全。你有責任，讓愛你的人知道，如何恰好地也為你付出。

美妙的關係，是雙方都獲得滋潤。沒有對錯、不分高下，而是牽起手的每一方，都覺得比起獨行，有你的日子如此美麗。

——《你不能選擇出身，但能活出想要的人生》作者、管理顧問／陳珮甄Selena

小虎是聲音專家，發聲是他的拿手絕活，對他而言，發聲不只是聲帶震動，更能優化溝通。這回小虎夫婦以自家為例，親身演示對話的安排，如何影響關係的進展。從衝突到安撫，既是溝通的實戰案例，亦是愛的發聲練習。

——善言心理治療所所長／劉仲彬

慧玲自序

我們都是關係功課的實踐者

想起Podcast熱潮剛進到臺灣時，小虎開始受邀到朋友的Podcast節目進行訪談，而後朋友們便紛紛鼓勵小虎製作自己的節目，肯定他的聲音好聽，一定很快能吸引聽眾注意，不過當時他以不知道要說哪些主題為由，婉拒了大家的好意。

二〇二一年十月的某一天，我跟小虎說：「我想開一個Podcast節目，但我需要你的幫忙。」他也沒問要做什麼，就答應了！（真好～）那時我的如意算盤是這樣的：我覺得說話比文字創作更容易、省時，因此滿想試試製作一個比較生活化的節目，內容不要說道理、不要生硬的講課，剛好小虎手邊早已有業餘配音時所購買的厲害錄音器材，加上他會操作設備、剪輯音檔，又會上架到平臺，正好這些都是我不會的項目，如此一來，節目的內容跟企畫就可以交給我了，況且兩個人聊天比較有趣，節目的走向就是把平常聊天的內容錄下來就好！

因著這個單純的想法，他就被我拉到麥克風前開始錄音了。

從第一集的尷尬生疏到現在我們可以一刀未剪就上架，從雙週更新到每週更新，我發現自己越來越喜歡這個節目了，最初只是很佛系地想找一個平臺分享心裡的想法，當作舒壓也當成「結緣品」，想知道會認識什麼樣的聽眾朋友。

沒想到，節目播出第一集，長耳兔心靈維度的Cindy就寄信給我，詢問有沒有機會能讓長耳兔創辦人李崇義老師來節目裡聊天，直到二〇二二年底，我們也收到了來自親子天下作者訪談、女人迷產品等合作。

更重要的是在二〇二二年初時收到圓神團隊：蕙婷、真真主編、小歐的出版邀請，希望強調從「我」開始，由小虎撰寫一本融合教學經歷與溝通技巧的書籍，很感謝在提案會議後，團隊們採納小虎的提議，將此書轉為由我們雙人合著的形式出版，從兩人在工作和生活的多重角色出發，結合Podcast節目的故事、小虎教學時的溝通心法，分享我們在關係功課中一路走來的實踐與看見。

也許你會覺得照顧自己、練習自我對話這些話很像老生常談，但這些也的確是人們一直以來都在練習的事情，關注自己的內在、聆聽自己的需求、思考要成為怎麼樣的人，是從小到大永恆不變的功課。

對我來說，這不是一本心靈雞湯，而是我們身為夫妻、父母、朋友、同事，一路走來的實踐過程，這是「我們」之所以有「我」的原因，也正是因為好好地跟自己相處，知道自己喜歡什麼、想要什麼，才能一步步更接近自己喜歡的樣子。

第一章，我們談和自己的相處。小時候的我和別人相處的時候，總是一直給、一直給，把所有最好的一切都給身邊的人們，深深相信這樣是愛的循環、美的善意，但一切從我二十三歲成為媽媽以後，對此有了新的定義，因為生活角色變得多元，時間也開始變得零碎，掏空自己卻備感空虛，原來是我忘記要先把自己照顧好，才有能力去愛人、給予。

第二章，我們談自己和他人的關係。這當中包含了親密關係、朋友間的相處以及和孩子的相處，在寫作時我們笑說：「這一章可能是大家最好奇的吧！」但真的不是要教大家如何談戀愛、如何交朋友，因為我們相信每對伴侶都有自己的相處劇本，每段友情也有最適合的打鬧方式，在這些和別人交流的過程中，願我們都讓自己和對方感到自在、感到被信任。

第三章，從日常故事切入，透過小虎教學時的溝通心法，和大家分享如何面對人際、職場中的衝突，正視自己心中的「想要」，不再為了他人口中的「應該」而做出選擇。希望我們都能更誠實地面對內在，說出真誠的話，成為自己喜歡的樣子。

謝謝翻開《從我開始的關係功課》的你，謝謝收聽《從我開始的關係功課》Podcast節目的聽眾，謝謝曾經到我們的Podcast節目中進行對談的朋友來賓們，你們成就了我們的成就，因為有你們的人生故事，為節目和此書增添許多風采，謝謝一路以來在生活和工作上支持著我們的家人、朋友，陪著我們一路長大，很感謝一切一切最好的安排，帶著我們認識了新的世界，遇見了很多可愛的人，也開啟了一段又一段的美好緣分。

出版著作一直是我人生願望清單中很重要的項目之一，謝謝有你的參與，讓一切備感意義。

祝　閱讀愉快！

小虎自序

真正的成長，是從「我應該」，進入「我決定」

在我們夫妻經營的《從我開始的關係功課》Podcast節目第四十八集，講到了一個原本在傳統男主外女主內思維的家庭中，被照顧得好好的男孩如何在自立成家後的新型態生活裡，一點一點地蛻變，成為一個為自己負責，有能力讓自己開心，也讓家人幸福的男人。

聊完了這段「從男孩變成男人」的過程，我們一致認為，這其中的關鍵，就是**「我決定」**這三個字。

過去傳統家庭的分工觀念，是把家務事當成次要的事，讓女性全部包辦，男人只需要努力工作賺錢。

男性出外工作、為生活戰鬥，而女性則是守護在男人的背後，好像一幅浪漫的畫作。看著長輩們這樣看待生活，在這樣的環境下長大的我們，也就理所當然地認為，工作養家才是自己的唯一，而孩子和家務是女人的責任。

隨著我們的成長，這世界也越來越進步與開明，人們開始認知到工作與家務是同等重要，甚至認為家務是人生活的根本，而我們也信誓旦旦地說：「為了兼顧家人的幸福與彼此的個體價值，我們可以改變，願意改變過去傳統的觀念，也願意把家務事也一起扛起來！」直到我們跟伴侶決定廝守終生，才發現過去那些根深柢固的思維，仍然深深地影響著我們。

當我們日復一日地洗奶瓶、換尿布，每天把衣服掛到晒衣架上，又從晒衣架上取下，有時候會覺得：「到底什麼時候才能好好做自己？為什麼另一半不能跟媽媽一樣，把這些事情都幹練地處理好？」這些委屈感源自於原先舊有的思維，而許多人都只會在腦袋裡想想，大多不會說出來，因為一旦說出口了，就打破了原先的承諾，不僅會讓別人失望，自己也會看不起自己。

於是，把這些委屈感吞回肚子裡，變成了一種內耗，每天都被無窮無盡的例行公事追著跑，每天都覺得好累，而這些事情，看似都不會有完結的一天。

我們的好友小山在節目上說出這些心裡話的時候，我忽然覺得自己不孤單。原來也有人跟我一樣，曾經有這樣的想法，也是第一次有人說出了這些內心的小聲音。

可是，為什麼這些男人的太太們，可以這麼持之以恆地把家務做好呢？不會覺得做家務很累嗎？

我發現心裡的疲勞，跟做這些事情的起心動念有很大的關係。當我想著自己是個好丈夫，所以「我應該」折衣服、「我應該」掃地、「我應該」洗馬桶的時候，這些「應該」，就包含著一種無奈：「我不想做，但身為一個好丈夫的我就『應該』要做。」所以在做這些事情的時候就會覺得很累，不是發自內心地做，而是因為要給別人一個交代，或是行為舉止要符合自己的標籤等外在因素。

但是我們可愛的妻子，是怎麼面對家務的呢？她認為，折衣服可以讓之後挑選衣服時，能更井井有條；掃地可以讓走動的地方保持乾淨，走起路來更加舒適；洗馬桶是為了提供每一次坐在這兒放鬆的人們一個最愉悅的個人空間。

她們很單純地只是想要對自己的幸福感去負責而已。

「我應該」是被動的，這句話是因為外在的期待、壓力，而讓我們給自己的一種制約。但是「我決定」卻是主動的，**因為我想要，所以我決定**，這句話就包含了對自己的肯定，以及透過行動來負責任的態度。我們認為，**「我決定」這三個字，就是心不累的魔法**。

小山說有一天他忽然醒悟，自己所做的一切，都不是為了要給別人一個交代，而是想提升生活品質、追求幸福感，所以才從「我應該」變成「我決定」——「我決定」來折一下衣服、「我決定」來掃個地、「我決定」把馬桶洗乾淨……

我想，這就是從「被動」變為「主動」的一個過程，也是從「我應該」進入「我決定」的一種心境變化。當男孩打自內心遵照「決定」去行動時，那一刻起，就真正是一個為自己負責任、頂天立地的男人了。

原來真正的成長，是從「我應該」，進入「我決定」。

錄完這一集，我有一種強烈的感動，認為這就是「從我開始的關係功課」想要傳達的一種訊息，我們相信大多數的男性聽眾聽了也會深有所感。那麼，這個「我決定」又是怎麼來的呢？其實要從內在升起動力，才不是這麼簡單的一句話就能完成的呢！「我決定」這三個字，包含了對自己的認識、擁抱自己的需求與欲望，以及知道該做些什麼來改變現況。

我相信，能夠在心裡對自己說「我決定」的人，一定是一個跟自己的心足夠靠近的人，所以，接下來想要邀請你，跟著我們所實踐的內容，一起和自己的心靠近吧！歡迎來到「從我開始的關係功課」。

CHAPTER

1

和自己的相處

慧玲說……

1 逃避有時候很有用，練習和不安獨處

自信是靠「自」己的內心而長出來的「信」仰，
是一股由內而外壯大自我的力量。

一次在Instagram中和網友們進行問答，有人問到：「妳是怎麼建立自信心的？」我的回覆是：「建立自信有很多種方式，有的人是透過改造外表來認可自己，有的人是透過自我對話學習肯定自我，不再事事批判自己。而我覺得只要喜歡自己現在的樣子，去做真的感到快樂的事情，幸福跟信心就會漸漸從內心長出來，久而久之，你的身上自然會有底氣。」當然，從自我懷疑到自我認同這段路，並不是這麼容易就能走過的。

在我們的Podcast節目中，其中一集邀請《四時瑜伽》作者Audrey來聊天，一進到錄音室，Audrey就笑著對我們說：「我覺得慧玲就是此書的TA啊！」是啊，我正是個需要練習好好休息的工作狂，特別是想起和小虎剛創業時，因為很開心除了全職媽媽的身分以外，終於能透過工作展現自我價值，時常會在小孩睡著後，又爬起來工作，覺得自己真是好棒棒啊！

也因為那時過於著急的生活步調，犧牲很多和自己獨處的時間，總覺得唯有工作才能讓我有活著的感覺，逕自地向前奔跑，沒有察覺到身體和情緒開始有些狀況，像是會在「陪伴孩子」跟「想要工作」之間拉扯，最後兩者皆空，沒辦法好好享受親子時光，同時也陷入工作進度無法推進一步的自責中。有時候，打開臉書看到某某某又在慶祝完成一個大項目，也會責備自己種下的種子，怎麼長得這麼慢、還沒冒芽呢？

這些焦慮好比黑洞一樣，把我拉進很深很深的黑暗裡，讓我變得更加不安。和Audrey分享這段過去的歷程時，很好奇她是如何將工作與生活力度拿捏得剛剛好，或者是不是也曾經有過這些失衡的時候？

Audrey說起自己某段時間也超級努力，就算向公司申請長假到國外旅行，不到兩天時間竟然就在巴黎街頭打開電腦開始工作……關於工作狂要如何在緊湊的節奏中慢下來，她告訴我們：「我們每個人都像是一棵樹，努力地向上生長、往天空去追求更高遠的目標，但是卻很少去照顧自己的樹根，也就是最底層、最少人去關注到，卻也是最重要的地方。」

因為生活中除了快樂幸福的時刻，我們偶爾也會悲傷、沮喪甚至憤怒，但那些都沒有關係，情緒是中立的，並沒有好與壞的區別，它們的出現是在告訴人類：「嘿，你有發現今天的自己不太一樣嗎？」像是一個提醒，客觀地呈現我們在不同空間、不同狀態裡呈現的反應，我們一致認為，如果沒有真的待在黑暗裡，可能不會體會到死後重生的力量，因為生命中的黑暗時期和空白時期，是迎接快樂、自在、更強大力量的重要養分。

當我們感覺焦慮的時候，那就停下來吧！

停下來感受身體要傳達的訊息，也更靠近內在的自己，把很多平常向外的注意力拉回自身，允許自己不把注意力給任何事、任何人，只跟自己在一起。

跟自己在一起的時候，我最常做的一件事情是：刪掉手機的社群app，就像《原子習慣》一書提到的「提示」，書中說，當提示越強，就越容易養成好習慣，反之，對我來說壞習慣也是如此，所以我把提示（社群app）關掉。

因為知道自己會被社群發布的訊息影響，一方面讓自己專心，另一方面有點逃避，覺得別人過得很好，除了羨慕以外，更多的是嫉妒，除非把電腦網頁打開，不然是不會看到社群上的各種消息，所以從最初「刻意地」把社群軟體從手機上刪除，這漸漸養成的小習慣，成為更能肯定自己的方式，因為遠離社群，讓我能更專注在所做的事情上，無需和他人的生活比較，**我正活在當下，好好地成為自己**。

把專注力拉回自己正處的環境裡

過去曾因為外在很多的「應該」，讓我只想著要完成這些清單，覺得自己要去完成這些任務，接著得到某一個人或是某一群人的肯定，就會被看見了、就能成為一個很有信心的人，但是時間一久，被讚美的熱度消逝之後，自己就像個空殼一樣，發現這些看似不斷打怪、一直晉級的快感其實都是短暫的慰藉，一旦被很多假象蒙蔽、覺得自己很棒的時候，其實心裡是很空虛的。

關於如何和焦慮獨處，小虎也曾和我說過：**「自尊是從孤獨裡面出來的，唯有被孤立，才會跟自己對話，才會知道自己要什麼。」**就像我們很欣賞的一位前輩謝文憲（憲哥）曾說：「人多的地方不要去。」提醒了我們不要盲從，或是為了別人的肯定，選擇自己不想要的那條路，也許人一開始是需要被標籤、被認識或被肯定，會因此而認識自己，但當我們發現自己的價值不只如此的時候，就需要撕掉外界給的標籤來重獲自由。

近兩年我透過一些練習，把專注力拉回自己正處的環境裡，不去在意別人正在做些什麼，例如早上寫未來日記、睡前寫感恩日記、追劇、一個人去看展，以及假日不回覆社群和工作的訊息等等，我發現對自己的批判行為越來越少了！回頭翻了日記裡寫的文字，找到一個共通點：「無條件地喜歡自己。」像是在只有自己可以看見的日記裡，放心地寫下今天做得很棒的三件事，沒有量尺般的審核標準，只有對自己最真實地看見。

同時，我也透過**「4F法則」**，練習跟內在感受對話，每當某件事情讓心裡有異於平時的情緒發生時，我會先把事件「具體化」說出來，嘗試把客觀的事實，和內在產生的觀點分開來看，藉由內在溝通的方式，成為自己的同理者，這個方法的順序是：

一：Facts——談事實，例如：我看見了什麼……

二：Feeling——談感覺，例如：我感到了什麼……

三：Finding——這些感覺讓我有何發現，例如：這件事讓我發現自己原來會在意……

四：Future——未來的行動，例如：我決定要怎麼做呢？是試著表達自己的感受與需要，或者制定出什麼規則呢？……

透過每天和自己對話的練習，我明白了自信心並不是從別人口中得來的認可，而是經由區別客觀事實，從中看見自己值得被愛的模樣，**自信是靠「自」己的內心而長出來的「信」仰，是一股由內而外壯大自我的力量**。

也許，這些不勇敢的背後是我們還沒找到想守護的東西，越在意別人的感受，其實心裡更難受，與其總是覺得自己很差勁，倒不如直面自己的心，每週留下一些「空白時間」，只和自己好好在一起。

因為，把自己照顧好的人，才有能力好好去愛人。

2

小虎說……

平靜，來自於我們留給自己的餘裕

無論在什麼樣的關係裡，
都要為自己保留一點餘裕。

在我們的Podcast節目裡，我分享過自己曾經透過把時間統統投入社團與社交活動上，來試圖擺脫對自己沒有自信的痛苦。那個時候是我剛開始成為專業講師的前三年，當時我才二十六歲，沒有什麼人生歷練可以撐起這個職位的重量。

外界有許多聲音會透過朋友的傳話、社群軟體等各種管道，溜進我的腦海裡，我知道有人對我有正向的期待，也知道有人並不看好我，所以我既害怕辜負他人的期待，又擔心如果要面對那些不看好我，甚至等著看笑話的人，我會不會崩潰、壞掉。

因為強烈的焦慮和自我否定，使得那段歲月在我的腦海裡是一片混亂的，許多破碎的記憶，沒辦法用明確的時間軸來整理每件事情的順序。總而言之，我對自己的黑歷史，有一點記憶障礙。

雖然沒辦法把記憶中的事件順序串起來，但我記得因為焦慮，我做了很多努力，有些努力在未來變成養分，但大部分的努力其實沒有任何幫助，甚至揮霍了我寶貴的青春。（關於變成養分的努力，是我透過大量邀約陌生人吃飯，去累積對人的敏感度，不過這又是另一個故事了。）

當時，為了讓自己減少焦慮所帶來的負面感受，我投入很多社交活動，像是積極參加社團，以及他人的活動邀約，這聽起來似乎不是什麼壞事，對吧？但那時候投入這些活動的時間、精力有點太多，相對地，注意力都沒有放在工作上，所以其實帶點逃避責任的意味。

你知道焦慮是「成癮行為」的元兇嗎？因為我們感到焦慮的時候，大腦會迫切地想做點什麼去解除焦慮，但焦慮的源頭是「恐懼」與「不確定感」，也就是說，焦慮不是在面對具體、可實際改變的問題，而是對於還沒發生的未來，產生一堆亂七八糟想像。

所以，在感到焦慮時，我們會找一些事情來做，像是暴飲暴食、抽菸喝酒，來獲得某種滿足的感覺，而成癮行為就是在「觸發焦慮」「行為」「獎勵」這個循環中養成的一種強迫症。以我的例子來說，就是因為對自己感到沒自信（**觸發焦慮**），所以大量參加社交活動（**行為**）來獲取他人的重視與喜愛，透過外在的肯定來迴避內在的自我否定（**獎勵**），但是這種滿足感很快就會轉為空虛，於是又再一次觸發焦慮、行為、獎勵的無限循環。

重點是，焦慮帶來的成癮行為，雖然會有短暫的滿足感，但不會解決根本問題，所以壓力只會不斷地累積。

內在行為帶來的滿足感

二〇一三年底，是我很重要的人生轉捩點。有一天清晨醒來，這些累積下來的壓力，變成了非常高的腦壓，在我的顱內一次性地爆發，痛到全身無法動彈，甚至讓我體驗到了看見「人生跑馬燈」的瀕死經驗。

在那些跑馬燈畫面裡，我看見的都是我面對自己焦慮時的行為習慣，像是在朋友面前假裝成社會菁英、意氣風發的樣子，或是刻意提升自己的高度來跟學生保持距離等，這才發現原來自己對「獲取他人的重視」成癮了，而這也讓我醒悟，這些成癮行為，沒有為人生帶來半點好處，反而因為不真誠，讓真正關心我的朋友們遠離我。

當時的心情是後悔，如果知道人生就那麼短的話，我應該再放開一點，對別人和自己更誠實一點。所以我對自己說：「對不起，我把你的人生活成這樣，拜託再給我一次機會，我保證會讓你自由，真的很對不起！」

奇蹟發生了，在我對自己說完這些話的時候，頭痛就消失了！

這段非常獨特的體驗讓我醒悟，原來我一直那麼不關心自己的內在世界，不斷用外在行為來應對焦慮感。所以在那之後，我非常珍惜這個「重生」的機會，同時也開始學著努力向內探索，閱讀心理學、靈性等相關書籍，也努力打破過往的社交習慣，試著用更真誠的方式與人應對，多花一點時間和自己對話。

接著我發現，**內在行為帶來的滿足感，往往會大於外在回饋的強度**。比方說，當感到沒有自信的時候，過去我會透過獲得他人的認同來得到滿足，但後來我會踩煞車，在一股衝動想要去做點什麼之前，先對當下的感覺與體驗感到好奇，接著產生一連串的自我對話，像是：

「咦，我現在又感到沒自信了嗎？」

「剛剛發生了什麼事，讓我又觸發了這樣的焦慮感呢？」

「在我看到他人的成就時，原來會有羨慕又嫉妒的感覺啊？」

「羨慕的感覺對我的心產生了什麼作用呢？」

「原來羨慕的感覺是這樣心頭一緊，讓我反射性的聯想到自己不夠好！」

「哇，我剛剛差點又要重蹈覆轍了呢！我好棒，我忍住不讓自己失控了耶！」

有時候我會從內在對話中得到一些答案，有時候不會，但無論有沒有得到好的結論似乎都不是重點，因為當我用內在行為來代替外在的作為時，都會得到一種與自己在一起的滿足感，這種滿足感能維持的時間很長，而且更溫暖。因為它的獎勵效果太卓越，也讓我戒除對社交活動的成癮行為。

後來，我漸漸產生了一個原則：**無論在什麼樣的關係裡，都要為自己保留一點餘裕**。

在工作上，雖然接更多案子、賺得多一點，會得到物質上的滿足感，但沒有保留餘裕的時候，會讓我覺得自己只是在執行重複的流程，並沒有在過程中進步。而且一旦把時間塞得太滿，很容易讓自己陷入迷惘、不知道為何而努力的感覺，尤其在體驗過「和自己在一起」的滿足感之後，就會更容易體會到「和自己分離」對人生帶來的危害。

在關係中，與對方的心連結，會滿足我們對愛與被愛的渴求。但是，一旦全心全意都在對方身上，沒有自己的時間時，會很容易忘了自己是為了什麼去愛，然後在「我」與「我們」的天平上失衡。

我和慧玲在剛開始同居，為生活習慣、觀念磨合的時候，也產生過很多失衡的狀況，但我們後來討論出了「貓咪時間」這個獨處的概念和默契之後，因為尊重彼此都有獨處、和自己同在的需要，所以就不再因為住在一起天天見面而感到喘不過氣。這個默契讓我們在結婚之後一起創業，同時是人生合夥人與事業合夥人，每天二十四小時都一起相處的狀況裡，打下了良好的基礎。

從他人的角度來看，從熱中社交變成喜歡獨處，看起來會有一種減少外在行為的感覺，但實際上，內在行為也是一種能創造價值的作為，因為它會為我們帶來平靜，同時也產生更多發揮創造性的動力，成為外在作為上更好的基礎。

我們在這個世界出生，注定要對它展現好奇，為何不順便對自己的內在世界也產生好奇呢？對自己每一個當下的感受與體驗感到好奇，相信你也會有意想不到的收穫喔！

慧玲說……

3

能量低落的時候，可以陪伴自己的三個方法

用柔軟的力量接住沉重的情緒，
我們都是自己最好的療癒大師。

二〇二一年夏天，臺灣因為疫情迎來三級警戒，當時我們的工作狀態很不穩定，加上兩個孩子必須在家裡和我們一起待著，身體和生理的狀態非常緊繃，在孩子睡著的幾個晚上，我和小虎聊起受到疫情影響的生活時，都會哽咽地流著眼淚。那段特別時期常常沒來由的煩躁或者莫名的低落，好像就要跟世界脫節一樣。

一年過去，有些朋友會問我是如何走過那段時間，除了家人的支持，還有小虎的鼓勵之外，更多的是，我在那時，透過閱讀、看Youtube影片等等方式，學會陪伴內心脆弱的自己。

我是個哭點很低的人，感動時會哭，難過時會哭，就連太生氣也能哭，有的人覺得眼淚是上天送給我們的禮物，可以透過流淚發洩情緒，但多數人卻覺得眼淚是軟弱的表現……不曉得正在閱讀的你，允許自己難過時掉眼淚嗎？喜歡流淚時的自己嗎？

流眼淚和露齒笑，都是身體表達情感的方式

在這個「有用」至上的社會裡，社群風氣時常塑造女強人形象，要新一代女性能獨立自主，又要有經濟能力，這樣的價值框架，無時無刻不在教我們要如何增強

職場能力、如何具備專業變現的能力，卻很少有人叮嚀我們別再批判自己，要學會好好疼惜受傷的心靈。

我們很常聽別人說：「沒事沒事，不要哭，眼淚是珍珠。」卻很少有人告訴我們：「不可以笑得太用力。」不過，哭跟笑其實是一樣的身體反應，只是被社會主流價值貼上好與壞的標籤，所以讓人變得抗拒眼淚，卻也可能在無意之間錯失了認識自己的機會。

記得我在懷小兒子米米的時候，接觸到長耳兔心靈維度有關薩提爾的相關課程，在聽同學分享自身故事的時候，我常常激動得掉眼淚，不知道自己為什麼會這樣。

有一次淚水開關又被觸發，完全止不住淚腺，身體還顫顫發抖，當時擔任課程助教的李崇義老師發現，便走過來輕聲問我：「慧玲，還好嗎？」我告訴他我也不知道為什麼會這樣，他溫柔地說：「妳的眼淚想告訴妳什麼嗎？它有什麼話想跟慧玲說嗎？」老師帶著我深呼吸三次，引導我說出眼淚想要說的話，我慢慢說出同學分享故事裡的某幾個片段，很像我在原生家庭中曾經經歷過的場景，所以觸發某些感受，也進而練習擁抱小時候受傷的自己。（詳細故事礙於課程隱私，就先讓我暫時保留啦～）

自從那次之後，我學會在經歷情緒轉折時，除了問問自己的感受，也可以記錄身體的變化，像是「**什麼場景會讓我的肩膀緊緊的？**」「**和誰對話的時候，我總是胸口悶悶的？**」這樣的方法，也有助於我們認識自己的感受，當負面能量出現的時候，不要急著推開它們，可以試著先安靜下來，深呼吸三次，也許就能感覺到身體和情緒想對自己說些什麼話。

不用逼自己擦掉眼淚，急著露出笑臉，不妨試試讓這些不太舒服的感覺停留一下，和這種情緒相處久一點。

小祕訣

如果情緒詞彙較少，大約只有喜怒哀樂可分別的話，推薦給你由「情緒歷史中心」研究員蒂芬妮．史密斯所寫的《情緒之書》，書中介紹了一百五十六種情緒，可以讓我們看見更多關於自己的感受。

改變對自己說話的方式，允許自己可以脆弱

過去當你遇到困難時，是否曾經對自己說過這樣的話呢？「哎，我真是太糟糕了。」「可能我就是做不來吧！」「像我這種人就是不值得別人對我好啦……」遇

到低潮時，可以難過、可以生氣、可以討厭全世界，但是這些情緒都是一時發洩，我們最終還是要學會重新面對這個世界。

你有沒有發現，我們很習慣對身邊重要的人說讚美的話或甜言蜜語，卻對自己很嚴厲？為什麼我們不能也對自己甜蜜一點、溫柔一些呢？請試著練習把自己當作一個親密的朋友，想像好朋友心情低落的時候，你會如何安慰他吧！

「來，大聲哭，哭完之後來讓我抱一抱。」

「辛苦你了，你已經做得很好了，讓我們一起走過吧！」

「你只有一個，獨一無二，一定會有人喜歡這樣的你。」

談到眼淚和低潮，我很喜歡的藝人曾之喬在二〇二〇年夏天開了一個Youtube頻道，其中一個單元叫做「聊姐愛哭鬼」，邀請多位對談嘉賓，像是大元、莫允雯等，透過和來賓各自的對談，分享她們對於流眼淚的看法，還有如何面對這個社會給的框架，非常推薦給大家。（獨處的時候可以看唷！）

也許未來某天，你會帶著紅通通的鼻子、泛著淚光說：「哭完後，我變得更勇敢了呢！」希望這些眼淚能夠洗去我們雜亂的情緒，找回自在悠然的寧靜，當你感覺整個人像卡住的齒輪，完全動不了的時候，不妨關掉社群ａｐｐ，停下腳步，打掃內在壓力，解讀情緒帶來的訊息，得到一點喘息，知道當下為何害怕、為何焦慮，透過這些歷練，你將更了解自己、變得堅強，激發出再向前跨步的勇氣。

小祕訣

「允許」兩個字是很有力量的，當你有負面感受，問問自己：「我允許自己掉眼淚嗎？」啟動你的內在對話。

找到適合的方式，你就是自己的療癒大師

寫下十項自己的優點

我曾和朋友進行一項遊戲，要在三十秒之內，說出自己十個優點，大多數人說到第三個就會卡住了，相反地，卻能在短時間內，快速說出自己的十個缺點，可見自我批判好容易，但欣賞自己卻不容易。

人是需要讚美的動物，也許你會好奇：「透過他人評價，了解自己也是一種方

式啊！」可是安全感與歸屬感，只有自己能給自己，因此，讓我們一起練習，拋開完美主義、學習自我肯定，拿起紙筆，寫下自己所認為的優點，越仔細越好，就越能看見生活細節中的美好，即使微不足道，那也是你獨有的特質，請開始練習欣賞獨一無二的自己。

建立自己的情緒歌單

在我的手機裡，有幾個不同情境的歌單，像是「慧玲激勵」「想家的時候」「生日說謝謝」等等，只要我感覺到莫名的沮喪，或者厭世到覺得被全世界丟掉的時候，我就會打開「慧玲激勵」歌單，放下手邊的事情，隨機播放一首歌，好好地聽完，覺得演唱者就是我的好朋友，用歌唱的方式把歌詞的祝福送到我面前。

每天留給自己獨處六分鐘的時間，和自己說謝謝

你寫過感恩日記嗎？我對感恩日記最初的認識，通常是謝謝今天幫助過自己的人，或者讓人感到被愛的事情，也有人會用來感謝所處的環境，但你嘗試和自己說聲謝謝嗎？如果對於這個方法還是腦袋一片空白，推薦給你我正在寫的兩本日

記：《三分鐘未來日記》、《六分鐘日記的魔法》。它們都有一本書和一本實作日記，讓新手依循實作日記的題目，透過每天短短的幾分鐘，練習和自己對話。

就像德國哲學家叔本華說的：「就像唯有獨處，人才能做自己；人如果不愛孤獨，那他也不會喜愛自由，因為只有獨處時，他才是完全的自由。」

搜集朋友們給的鼓勵訊息和卡片

我的房間裡有個抽屜，搜集朋友們給我的手寫卡片，手機裡也有一個相簿，會將朋友們傳來的鼓勵訊息，或者肯定的話截圖存檔，每當我被壓力擠壓得快撐不下去的時候，就會打開抽屜和手機相簿，讀好友的每一張卡片和每一封訊息，知道自己是這樣被愛著，對別人來說是如此重要的存在。

有的時候，就像是一種魔力，看著這些文字的同時，我的肩膀也會慢慢放鬆，眉頭也不再皺起，這些外界給我的力量，陪我走過低落的時候。

我們是柔軟有彈性的人，不是設定數據就能前進的機器人，可能沒辦法每天都保持在高亢的狀態，有時站在高山，有時坐在低谷，但是無論如何，永遠記得溫柔地善待自己，用柔軟的力量接住沉重的情緒，我們都是自己最好的療癒大師。

4 關於轉念

小虎說……

真正的轉念，
是當你進行自我同理之後，
能暫時擱置衝動的情緒。

記得在皮克斯電影《腦筋急轉彎》裡，有一幕主角們坐上了一輛思維列車，但上車時不小心將車上寫著「事實」和「意見」的箱子弄倒，將裡面的牌卡都混在一起了，主角樂樂有點緊張，擔心這樣一混淆，會害他們的小主人腦袋亂掉。「噢不～這些事實和意見實在太相像了！」樂樂在整理牌卡時發現根本分不清楚，而自責不已。

另一位同行的夥伴卻說：「別擔心啦！」然後輕描淡寫地說：「這種事情常常發生！」有一點生活歷練的人，都能看懂這個諷刺，但小朋友大概會有點疑惑，大人為什麼會覺得這一幕好笑吧。

我們都擁有自己對事物的觀察角度，因此產生自己的意見，但也因為對自己意見的執著，往往看不清真相，所以讓情緒過不去、鑽牛角尖，也容易和他人有衝突。

卡住的情緒，往往來自於一個卡住的念頭。

所以，當我們情緒上來時，常常會有人勸我們要「轉念」，希望我們把注意力從負面的想法轉換成正面的想法，就可以把情緒轉換掉。但是，轉念哪有那麼容易呀？我們的情緒又不是方向盤，一轉就可以轉彎的東西！

若要比喻，我認為情緒更像是一個「正在說話的孩子」，每一個情緒的發生都有它的原因，所以每個情緒都是在訴說原因的小孩。想想，如果你有話想說，聽你說話的人沒聽你說完，就對你喊「閉嘴」，你會不會很不甘心？

我認為**真正的轉念不是「拋棄念頭」，而是給念頭一個出口**。

在當了爸爸之後，我開始學習聆聽孩子的情緒，我發現，孩子很多時候發脾氣，要的不是馬上得到一個安慰或補償，而是一個懂他的感受並且能陪他走過來的人。所以當孩子哭鬧不止的時候，你要做的就是專心聽他說完，並表達出理解他的想法，感受得到他的情緒，這樣一來，孩子的情緒得到了出口，就會很快消退，並恢復平靜。

我們常常會期待自己在發脾氣的時候，對方能夠接住，可是，從我們過去的經驗來看，這似乎是一個很容易落空的期待。雖然別人不一定能接住自己的情緒，但每個人心中都會有一個成熟理性又有耐心的大人，一定可以接住自己的。

所以我認為轉念的關鍵，就在於**能不能專心聆聽自己的念頭**，讓它找到出口。一個念頭結束了，才有機會萌生下一個新的念頭。

「自我同理」的練習

來說個故事：

有一對夫妻，太太在家帶小孩做家事，辛苦了一整天，傍晚煮好晚餐等先生回家。先生回到家之後一臉疲倦，東西一丟，就往沙發攤坐。太太想要讓先生打起精神來，所以跟他說：「歡迎回家，飯煮好囉，快來吃喔！」

結果，先生的反應是，把臉朝向沒有人的地方，大大地嘆了一口氣，然後才勉為其難地起身。

太太看到先生這樣的反應，感到很受傷，於是大聲質問：「你這態度是怎樣啦？」先生也很衝地回應：「什麼怎樣？我是有對妳怎樣嗎？」然後就吵起來了。

故事說到這裡，為什麼太太會生氣呢？因為從太太的角度，她認為先生的這些反應，是對她不耐煩，認為自己的好意被糟蹋。甚至覺得又不是出去工作才會累，在家帶小孩做家事更累呢！

那麼先生為什麼會有這樣的反應？我們可以猜想出很多種可能性，他對太太確實不滿，但那也只是其中一種可能性。先生的嘆氣也有可能是因為當下實在太累了，一時對太太的叫喚沒反應過來，才用嘆氣來做為一種給身體打氣的行為。

我們不是當事人，沒有那麼多情緒的時候，總是能想到各種可能性，所以就不會產生太多負面感受來影響自己的行為。但那個當下，太太認為先生不尊重自己，所以情緒就過不去。

以剛才的故事為例，想跟大家分享一個我常常做的「自我同理」練習，這幫助我在一些情緒上來的時候，可以及時轉念，避免一些不必要的衝突。

「自我同理」分為四個步驟，各別是：事件、感受、發現、需求。

首先，從自己的角度出發，把**事件**描述給自己聽。「當我叫他吃晚飯的時候，他撇過頭，還嘆了一口氣。」

接著，跟自己說，這件事給自己什麼樣的**感受**？「我感覺很受傷難過，也很憤怒。」

然後探索一下，**發現**這些感受的背後原因是什麼？「我會難過，是因為我覺得他的反應很不重視我，而我憤怒，是因為我覺得在家做家事也很累，但我也沒有因此發脾氣，這樣不公平！」

最後，告訴自己**需要**什麼。「我希望他能重視我的感受，希望他給我比較和善的回應。」

這四個步驟，是自我同理的過程，爾後你會發現，原先的憤怒、難過帶來的衝動會減少很多，就很像是你耐心地聆聽孩子發脾氣，去感受他並理解他，這孩子就因此安靜下來了一樣，在那之後，會有更多理性參與進來，發現更多看待這件事情的角度，例如：

（事實）當我看到他嘆一口氣的時候。

（感受）我感到很疑惑。

（發現）因為他很少這樣對我，這並不是他正常的樣子。

（需求）所以我想知道他今天是不是發生了什麼難過的事。

配合上面這些念頭，可能會有的反應就會是：「哇，很少看你這麼累的樣子，能跟我說說怎麼了嗎？」

當我們不是以激烈又負面的情緒來回應，就有機會用更正向的方式來開啟對話，讓彼此在關係中得到力量。

「轉念」並不是告訴自己「別想太多」，就能讓情緒過去，這只是在累積委屈而已，**真正的轉念，是當你進行自我同理之後，能暫時擱置衝動的情緒**，才有餘裕進行更多角度的思考，進行有建設性的對話。

順帶一提，也許進行轉念會讓你感到不公平，為什麼是自己要花這麼多心力去轉念，而不是對方？所以，在對話結束之後，你仍感覺到不公平的話，你也可以將它表達出來：「**（事實）**老公，一開始你那樣撇過頭嘆氣時，**（感受）**老實說，我是有點受傷的，**（發現）**因為我剛才叫你是好意，卻得到不太好的回應。**（需求）**希望之後你如果狀況不好，也能主動告訴我，而不是像今天這樣自己悶著，我希望你知道你不是一個人，你永遠有我的支持，好嗎？」

希望這個方法能陪伴到你，陪你一起認識情緒，也練習去建立你和他人健康的對話空間。

5

小虎說……

想變得更好是你的需要，還是別人的需要？

懂得分辨自己的需求與他人的應該，
就能有意識地排除「應該」對人生造成的干擾。

有一天，有個好久不見的學員預約了一對一的對談，他是一位時常到海外分享專業內容的演說家。我問他這次對談目的是希望改善什麼樣的說話問題，他說：「小虎老師，我覺得自己的中文很不標準，發音很臺灣國語，能不能利用一對一教練課改善呢？」

我很好奇為什麼他需要改善發音，上臺演說這麼多年，這樣的說話方式不是都很順利嗎？為什麼忽然有這種需要呢？

他說，因為有一次心血來潮，看了自己某次到北京演講的錄影，當時的主持人說著一口非常標準的北京腔，跟他的臺灣國語形成極大的對比，覺得自己很丟臉，所以希望能夠改善他的中文發音。

聽了他的解釋之後，我忽然感慨：「就算是很成功的演說家，也會跟一般人有一樣的煩惱——聽了自己的聲音之後，覺得聽不慣，所有小瑕疵聽起來都很刺耳。」

我認為，希望自己可以更好並不是一件壞事，但所有的改變是否成真，都跟起心動念有極大的關係，所以我又進一步問：「你認為改善發音，會為你帶來什麼呢？」

他說：「我想，對聽眾來說，會聽起來更舒服吧！」

我問：「這麼多年來，有聽眾反應過你的發音問題嗎？」

他回答：「沒有。」

我說：「那你仔細想想，更標準的發音，是聽眾的需要，還是你自己的需要？」

他說：「你說的沒錯，確實是我自己需要，只因為我聽不慣自己的發音而已！」

我告訴他：「那麼我們也許要重新定義問題囉！你真正的問題不是發音的方式，而是你如何看待自己的聲音，你說對嗎？」

後來我告訴他，要改變自己五十多年來的說話習慣，是非常不容易而且很挫折的一件事，因為這些習慣畢竟累積了超過五十年，當然不太可能只用一年半載的時間改變。事實上，他的發音方式並不會讓我覺得聽不清楚，或是產生理解上的錯誤，反而讓我覺得很有個性，是具有個人魅力的聲音，所以我認為，並沒有特別改善的必要。

再者，只要口音不會嚴重影響別人的聆聽，它本身可以是很美好的。因為口音是來自於地方性的，代表了地方對一個人的孕育，所以保留自己獨特的口音，就意義上來說，也是承認自己的根源，是一種對家的愛，而且，有時候口音也會讓人感到很有親切感，更有人的溫度呢！

只是人在看自己的時候，難免會產生不客觀的評斷標準，很容易拿別人來把自己比下去。在講臺上，主持人即使說話再怎麼字正腔圓，也不會因此把光采給奪走，因為觀眾參加演講的焦點本來就是在講者身上，觀眾在意的不是他說話是否標準，而是期待他要為大家帶來什麼好的資訊。所以，與其把時間放在練習咬字發音，不如繼續做研究，為大家帶來更多有益的發現吧！

當解釋完我的想法之後，我問他是否還想要練咬字發音，他說：「哈哈，不用了！原來我只是鬼迷心竅，一不小心對自己失去了信心啊！」

他還說我很奇怪，明明是聲音教練，卻阻止他練聲音。我說：「聲音教練的價值，是讓你喜歡自己的聲音，只要改變心態就能解決的問題，又何必花時間練技巧呢？」

不要把時間都花在「應該」上

每個人的時間和心力都是很寶貴的，尤其當我們長大以後，有了越來越多身分和責任，就更沒有多餘的時間可以放在不重要的事情上。

這麼說吧，我們每個人都有各自的「使命」，但使命並不一定是指對社會有貢獻，也可能是會讓你感到充實快樂的興趣愛好。當我們在履行這些使命時，會覺得人生過得特別有意義，像是走在正軌上，可以挺起胸膛、走路都有風。**使命是我們與自己關係的橋梁，也是快樂和自信的來源**。

但是，我們有時候會因為一些「應該」，把時間、心力放到不那麼重要的事情上，甚至耽誤了自己真正的使命。

我在學生時代很喜歡練武術，偶爾會到健身房做體能訓練，當時有個健身夥伴跟我分享他的煩惱，他說，他的母親不希望他花時間上健身房，理由是健身跟考研究所沒有關係，要他別浪費時間，應該把心力放在準備考試上。

後來他照做了，我雖然還是會在校園裡遇到他，但卻再也沒在健身房碰上。半年後，這位朋友考上了研究所，但是臉上卻失去了我熟悉的自信，而且還稍微胖了些。停止健身、努力考研究所，是他母親給的「應該」，卻不是自己真正的願望，他不去健身房，是給母親一個交代，卻壓抑了自己的快樂，這就是典型的「被應該耽誤」。

畢業後，我們持續聯繫了幾年，有一次他跟我說，大學時期最快樂的事情，是偶爾跟死黨一起熬夜唱ＫＴＶ，還有上健身房。我問他，如果人生能倒帶，還會為了研究所放棄健身嗎？他說，其實考研究所跟健身根本不衝突，但是他當時怕的是跟母親起衝突，所以才選擇當媽媽的乖小孩。

他感慨地說，當時以為自己選擇了對母親的愛，但長大以後才知道，**怕跟她吵架並不是愛，而是妥協**。如果能重來，他會選擇冒著大吵一架的風險跟母親溝通，即使結果不理想，他也想證明自己就算堅持健身，也能好好準備考試，而他可能會因為那半年的精采人生，而得到更多自信呢！

有意識地排除「應該」的干擾

「這件事，是你的需要，還是別人的需要？」這句話我也常放在心裡進行反思，有時候我會有完美主義的毛病，像是發現官方網站的排版有點不對稱，我就會忍不住花時間到網站後臺改東改西，一不小心占用了寶貴的工作時間，回過神來，真正重要的事情都忘了做。

雖然細節很重要，但仔細想想，網站的排版有沒有對稱，大部分的人恐怕都不會發現吧，而我花時間修改，卻耽誤了其他重要的工作，這就有點得不償失。

很多時候，別人給的「應該」，或是自己因為不自信、偏執所產生的「應該」，都可能會冒出大大小小的毒害，讓我們不斷耽誤與自己的關係。如果我們的人生大多時間都在滿足那些「應該」，都不去正視自己的需要，那又有什麼自由可言呢？

為什麼我們要談「從我開始的關係功課」？**因為所有的關係，都是從與自己的關係開始的**，跟自己好好相處，才會知道自己需要什麼，懂得分辨自己的需求與他人的應該，就能有意識地排除「應該」對人生造成的干擾，活得更自由，也活得更精采！

小虎說……

6 勇敢與正直

「忍耐害怕」並不是一個每次都有用的方法，
而是要靠很鮮明的「成功想像」才行。

在你的記憶中，做過最勇敢的事情是什麼呢？

我想起多年前曾和很愛戶外活動的王一郎老師在臉書上聊天，他邀我在寒冷的冬天一起去溯溪，感受一下不同季節的大自然風景，當時覺得聽起來很有趣就答應了，然後他說那裡有個很高的懸崖，下方的水深也很足夠，可以玩跳水，說什麼都一定要帶我跳一次，體驗一下。

聽了老師這麼說，我向他坦承自己一直以來都很怕高，這個體驗肯定會成為我很珍貴的回憶，老師聽了很興奮，跟我說：「小虎既然那麼難得可以直接面對恐懼，不如多跳幾次吧！」當時我認為老師在跟我開玩笑，還誇下海口說：「那我就跳十次吧！」

不久後，溯溪活動真的成行了，我們穿上防寒衣和護具，在溪流中體驗了各式各樣的活動，有很多的挑戰、歡笑以及對大自然的驚嘆。走了很長一段路之後，終於來到一郎老師說的跳水點了，從懸崖到落水處大約有八到十公尺的高度。一郎老師請助教示範怎麼跳比較安全，同時跟我們講解一些注意事項：「不要用跳的，直接一腳跨出去就好。一手捏鼻子，一手按住頭盔，手肘夾緊，身體筆直落水。」我心想，雖然在家幫忙換燈泡的時候，踩著椅子都會發抖，但是看助教跳得那麼輕鬆，而且我們也學了安全落水的方法，肯定沒問題的。

示範講解完畢，一郎老師請我們所有人輪流爬到最高處，照著教學來跳水。每個人在懸崖邊上都要猶豫很久才跨出那一步，這讓我非常不解，不是都學過了確保安全的方法了嗎？為什麼不爽快一點呢？所以我暗自在心裡想：「輪到我的時候，絕對不要扭扭捏捏的。」終於輪到我的時候，我站在懸崖邊看了一眼，整個人都僵直住了，才知道為什麼大家都猶豫那麼久，因為理性上知道自己很安全，跟親自體會到恐懼，是完全不同層次的兩件事啊！在那裡，水面看起來好遙遠，讓人心好慌啊！

所以，我跟其他人一樣，在崖邊猶豫了很久，做了好幾次深呼吸，在把步伐跨出去之前，又因為恐懼大過了勇氣，而猛然收腳，直到平復心情，才又重新再進行一次心理建設。就這樣反反覆覆地跟自己對話之後，終於忍住害怕的感受，把腳跨出去，然後感受到身體直直地落下插入水中，最後再狼狽地游回岸邊。

到頭來，我跟別人一樣，甚至花了更多時間才把那一步跨出去。

我一上岸，一郎老師就說：「幹得好！你還有九次喔！」我才發現，當時老師把我隨口說說的「跳十次」給記住了。

為了不讓老師覺得我是個只會說大話的人，我仍舊拖著濕答答的身體爬上去，說真的，光是爬上八米高的懸崖就很累了，還要面對那個令人恐懼的高度，精神上的疲勞不會比身體的疲勞還要少呢！

第二次跳水，本來以為有了一次經驗就會比較快，但是猶豫跟害怕還是讓我花掉了不少的時間。那個時候，我給自己設定目標，覺得自己跳三次就好，於是落水之後，我二話不說，直攻山頂再來一次。

跳了三次之後，我就爬上岸跟一郎老師說：「用了那麼多時間，真是不好意思，不想耽誤大家的行程啊！」

他說：「不耽誤啊，這邊大家都很放鬆，你可以盡情去挑戰，一點都不趕時間！」

我說：「不過，我跳了三次，應該差不多了吧！」

這時，一郎老師用神祕的表情看著我，平靜地跟我說：「你覺得可以就可以啊！」

我感覺老師正對我使用激將法，但我依然被刺激到，就再次面對，我又給自己設定新的目標，就是再跳三次，讓累積次數達到六次，這過程依然花了不少時間才跳完。

之後我又拖著沉重的身體回到岸邊，跟一郎老師說：「六次了，還算及格吧？」其他同行的朋友、助教都對我豎起大拇指，但沒想到老師只是淡淡地說：

「距離原定目標十次，還有四次沒完成，如果你覺得對得起自己的話，就可以啊！」

好，我又被激到了。

一郎老師跟大夥兒再次確認，大家是否願意陪我在這裡跳到滿意為止，大家都說好，並請用滿懷期待的眼神看著我，所以我又再爬上了跳水點。當時我心裡想，如果跳十次是一百分，我現在有六十分了，跳第七次代表七十分，聽起來確實很不錯喔！

距離目標越近，我發現自己的內在整理速度就越快，所以第七次、第八次、第九次的跳水，我花的時間並沒有之前那麼多。不過，我在這過程中，深深地體會到，無論站上懸崖邊多少次，恐懼的感覺都不曾改變，每一次站上崖邊，心中的感受都是好累、好恐怖。

不過，有趣的是，在跳第十次前，才剛站上跳水點，來不及感覺恐懼，心裡忽然有個聲音告訴自己：「嘿，跳下去，你就滿分了！」我跨這一步就不再是強忍著恐懼，而是滿懷著喜悅而跨。所有的同伴都為我完成了十次跳水的目標歡呼，我也覺得很不可思議，沒想到自己也有這麼瘋狂的一面。

在溯溪活動的尾聲，一郎老師把大家聚集起來，請大家輪流聊一聊溯溪之行的心得感想，輪到我的時候，也特別訪問我跳水十次的感受，我說：「我發現，恐懼是不可能完全克服的，有人說，不習慣的事情，做二十一次就會成為習慣，但恐懼不會因為習慣就消失，它是深植在心中的自我保護本能。但是，當我要跳第十次的瞬間，我對自己說：『這一跨，我就一百分了！』就讓我忘了害怕。這才知道，恐懼不是被克服的，而是因為有更想要的追求，所以跨越的。」

後來我跟慧玲在podcast節目中聊到這段往事，我覺得「勇敢」跟「正直」是兩個相近的詞，小時候我認為正直的意思是很有正義感，可是後來發現，在字典裡，正直的意思是**「可以對自己誠實，尊崇自己內心的聲音」**。

說到這裡，慧玲也分享了一個有趣的觀點，她說，五月天有一首歌叫〈憨人〉，「憨」這個字就是勇敢的「敢」再加上一顆「心」，這首歌不是講一個人很呆，而是在說因為喜歡做這件事，而讓你的眼睛閃閃發亮、無所畏懼。

正好松浦彌太郎有一本書叫做《正直》，副標是：「找尋生活中的真實，成為你想成為的自己。」我想，那些總是勇於面對挑戰、大膽冒險的人，肯定不僅只是因為不怕失敗和失去，而是他們有更想要追求的東西，所以目光都不是放在眼前的恐懼，而是遠處的希望吧！

焦慮，是一種對於未來的「失敗想像」，這個失敗明明還沒有發生，卻已經先影響我們。反過來，如果要拿出能戰勝恐懼的勇氣來，「忍耐害怕」並不是一個每次都有用的方法，而是要靠很鮮明的「成功想像」才行。

我在跳水跳了十次的經驗中領悟到，剛開始成功跳下去的那幾次，憑的都不是勇氣，只是在忍耐害怕的感覺而已，所以有時候忍得住就跳得快，忍不住就會在崖邊猶豫很久。但是跳第十次的時候，一想到跳下去我會有多大的成就感，來不及被恐懼包圍，內心的雀躍感就讓我果斷地跨出一步，把這項累死人的挑戰迅速劃上一個句點。

跳下懸崖前，我腦中有一個很鮮明的畫面：跳完十次之後，我高舉雙手、開心地歡呼，還得到眾人的掌聲。我想，就是這個「成功想像」帶來的喜悅感，讓我跨越了對於站在高處的恐懼，和防止自己從高處落下的自我保護本能。

「成功想像」的實際案例

後來我也把這個概念放在我教學過程裡，當學員站上臺緊張、不安的時候，我不會要求學員必須注意各種細節，像是手應該放在哪裡、站姿應該如何看起來會更自信之類的指令，而是邀請他想像一下，當他站在眾人面前，開口說話得到理想的回饋時，那種成功的感覺會讓他的內在和身體有什麼樣的變化。

有些人剛開始很難想像成功是什麼樣子，畢竟過去遇到的都是失敗的經驗，對他們來說，失敗比成功還要更有熟悉感，所以也就更害怕上臺表達自己了。話雖如此，只要他們能夠找到自己想要的感覺，站上臺的氣勢就會完全不一樣。

對於讓自己產生「成功想像」的內在對話，你可以不斷地問自己：「如果……我會得到什麼？」問到自己回答不出來，只剩下無法言喻的感受為止。

在課堂上，我與學生問答的方式如下：

我問：「學習完聲音表達的技巧，你認為會得到什麼？」

學生：「我想我可以在上臺說話時，聲音更有自信！」

我問：「如果你上臺說話的聲音變得很有自信，你會得到什麼？」

學生：「我會覺得心情更輕鬆。」

我問：「如果因為上臺說話的聲音變得更有自信，而感到輕鬆，你會得到什麼？」

學生：「我會得到更多成就感！」

我問：「如果因上臺說話的聲音更有自信，讓你心情輕鬆，也更有成就感之後，你會得到什麼？」

學生：「我想我會得到更多人的支持，被他們理解、肯定。」

我問：「如果上臺說話的聲音變得更有自信了，讓你贏得了更多人的支持，感受到被理解、被肯定，你會得到什麼？」

學生：「嗯……我會得到一種滿足感，還有自在的感覺。」

聽到學生已經差不多沒有文字可以描述的時候，我會問：「那麼，請你想像一下，當你從這裡面得到了滿足感和自在的感覺，你的身體有什麼變化嗎？」有時候我也會請學生從頭到腳，把感受到的感覺稍微描述出來。

學生：「我感覺頭頂有一股清爽感，肩膀也放鬆、垂下來了。腹部變得不緊繃了，胸口的呼吸因此變得很順暢，也變得很慢，好像可以把空氣吸到更深的地方。兩隻手會忍不住張開，動作變得更大，更流暢。雙腳變得很有支撐力，踩得更穩，也有一點前傾，像是想要再更靠近觀眾的感覺。」

我說：「現在你用這樣的感覺，跟教室裡的大家重新打個招呼試試？」

學生：「好。各位同學，大家午安！咦，我覺得自己現在的聲音變得很有力量耶！」除了當事人之外，你也可以從教室裡其他同學臉上的表情，感受到不可思議，這就是內在影響外在最直接的案例了。

當你對於自己感到沒自信，擔心表現不好的時候，不妨暫時抽離當下的情境，找個安靜不受打擾的地方，進行一下與自己的對話吧！當腦中的「成功想像」足以讓身體產生變化的時候，就有機會超越自己，看見超乎想像的潛能喔！

CHAPTER 2

和他人的關係

1 伴侶間的相處說明書

小虎說……

只要你的服務行動能讓對方感受到愛，
同時自己也甘之如飴，
那才是真正愛的表現。

「無論是情話綿綿或滔滔不絕的讚美，都比不上你一個安靜、溫暖的擁抱。」

「你總是看到好東西就買來當禮物送我，但你一忙起來就像人間蒸發……其實比起禮物，我更在乎你的陪伴。」

上述這兩段話，你是否曾在別人的故事中聽過？又或者，你就是親耳聽到這兩段話的人……？你認為已經竭盡所能去愛了，可是對方好像覺得不夠？有時候，這跟你付出多少無關，而是付出的方向是否符合對方的期待。伴侶之間的孤單，來自於不懂得以彼此的期望去愛。

梅爾吉勃遜在二〇〇〇年的時候，演過一部電影《男人百分百》，故事在講原本一個很自我、大男人主義的男主角尼克，因為一場觸電意外，獲得了可以聽見女人心聲的超能力，結果大大地改變了他的生活，讓他學會怎麼去取悅約會對象，也好好地了解女兒的煩惱，改善了彼此的關係。因為性格變得更加善解人意，跟公司女性同事們的關係變好了，也因為聽見主管心聲的關係，總能在對方發表想法之前，搶走對方的創意，讓自己得到公司的賞識。

尼克的機遇很令人羨慕，不過，這部電影帶給我最重要的啟發是，要對一個人產生影響力，重點不是你有多會說話，而是你能讓對方感覺你懂他。

在愛得很挫折、感到無力的時候，偶爾也會幻想：「要是我有電影裡的讀心超能力就好了。」「如果每個人的背後都有一份相處說明書可供參閱，那不是很完美嗎？」想到這裡，咦，相處說明書？為什麼我們不為彼此寫一份呢？

雖然在華人社會比較含蓄的表達風氣裡，主動說出自己想要什麼，可能會讓人擔心，會不會有點把自己放得太大了，違背了溫良恭儉讓的美德，但是，與其期待另一半會讀心術，不如告訴對方自己想怎麼去愛，還比較務實，而且讓對方減少試錯的挫折感，這不是很貼心嗎？這才是現代人交往的美德啊！

邀請你的另一半一起來思考一下，關於對愛的期待，是否有各自的偏好呢？如果你不知道該怎麼著手，我想推薦你參考Gary Chapman在《愛之語》提到的「愛的五種語言」：

肯定的言語

人的內心都會有被人接受、肯定的渴望，所以人人都愛聽讚美，也喜歡得到言語上的支持和鼓勵。當對方為你付出，會希望得到你真心的感謝，而不是被當作理所當然。

你喜歡聽對方的肯定話語嗎？聽到這些言語的同時，是否讓你感受到被愛呢？如果你的另一半很不懂該怎麼說這些好聽話，千萬不要責怪對方，因為他只不過是沒學過而已，請溫柔地教教他怎麼說吧！

精心的時刻

這邊指的是和另一半一起享受一段不被打擾、打斷的兩人時光，把注意力好好地放在彼此身上，懂得傾聽和陪伴，而不是在彼此身邊卻在做其他的事。

我和慧玲還沒結婚的時候，她總是告訴我，她需要和我兩個人出去哪裡走一走，遠離工作和人群。不過結婚以後，因為工作和家庭生活全都綁在一起，我發現我們對於精心時刻的需求變少了，有時候，**彼此尊重對方需要個人空間，並且給予對方好好獨處的時間這件事上面，也會讓人很容易感覺到被愛呢！**

貼心的禮物

送禮也是一種表達愛意的方式，禮物不一定越貴越好，很多人更在乎是否用心，尤其送的東西如果是對方剛好需要的，像是女生月事來了，送一碗紅豆湯，會讓對方感覺被放在心上了。

如果你的另一半表明想要收到一束花，你在衝去花店買花之前，**先了解對方的期待也是很重要的**，也許對方表面上說想要一束花，但有可能是希望自己能在大家面前收到花，感受到被人疼愛的感覺；又或者對方之所以這樣要求，背後真正的原因是在抱怨你平常都沒有做出讓人覺得浪漫的舉動，所以並不是一定得送花，也許親手寫一張充滿心意的卡片也很好喔！

服務的行動

有一些人並不喜歡花言巧語，比較喜歡實際的行動，所以與其說些浪漫的話，不如幫對方做點事情，像是打掃房間、整理桌面、準備便當，跑個腿買飲料等，這些都是服務的行動。

不過，當你是被對方要求幫忙做些什麼的時候，是否用正面的態度來做，也很重要喔！想想看，如果是你，在表達了某種需求之後，對方卻用心不甘情不願的態度幫你做了，你會感覺到被愛嗎？還是只是暫時滿足了當下的需要？

所以立場交換，如果你在被要求做什麼的時候，心裡產生抗拒，千萬不要勉強自己去做，這樣只會讓彼此心中都不愉快而已。不妨先將抗拒的原因表達出來，再和對方一起商量，是否可以換一種方式來達成，**只要你的服務行動能讓對方感受到愛，同時自己也甘之如飴，那才是真正愛的表現**。

肢體的接觸

拍拍肩膀、擁抱、親吻、牽手，甚至是更親密的肢體碰觸，都會刺激大腦分泌催產素，讓人感到溫暖、有安全感。

不過，也會有些人不喜歡肢體碰觸，會在被碰觸的當下感覺到侵擾，反而是主動去觸碰別人時，才不會感覺到不舒服。所以，雖然肢體碰觸是最容易讓彼此感受到愛意的方式，但尊重彼此對身體的自主權，這才會讓人更感受到愛喔！

以上是愛的五種語言，回想一下，這五種表達愛的方式裡，對方做些什麼會讓你感覺幸福？你過去做了哪些事，會讓對方很開心，而哪些是你喜歡做，但對方未必領情的呢？當我們有意識地回想過去的互動，就會更加了解對方對於愛的期待喔！

邀請對方跟你一起思考，怎麼相愛更符合彼此喜好，這樣相處起來才會更有默契，讓關係長久。如果你會擔心不知道怎麼邀請對方進行這樣的對談，怕尷尬或是會讓對方想逃，也可以參考接下來的這四個步驟，溫和地，一步步寫下彼此的「相處說明書」吧！

相處說明書的書寫步驟大公開

察覺並感謝他對愛付出的方式

人都希望自己的努力被看見，即使方式不是你期待的，也要擁抱他的心意喔！如果你擔心跟對方一起討論如何相處這種議題，會讓對方感覺到「被檢討」，這樣的開場方式可以有效地降低對方的防衛心，進而接受建設性的回饋喔！

例如：

「謝謝你特地送我這些禮物，挑選這些東西，一定讓你花了很多心思，謝謝你對我的用心。」

「你這麼忙，還願意忍受工作沒做完帶來的壓力，來花時間陪我，我很感動。」

提出你對愛的期望

確定對方的狀態沒有防衛性，就可以柔軟地提出你對於愛的期望了！

例如：

「不過，下次可以的話，我希望你把你的時間當作禮物，好好陪我一個下午，散步約會，我會更高興喔！」

「如果你的時間很難安排的話，你只需要在我們剛好在一起的時候，專心地抱抱我，只需要幾秒鐘，我就覺得很開心了！」

邀請對方說說他對愛的期待

「我也想知道，是不是有時候我愛你的方式不合你的期待呢？怎麼做會讓你更喜歡呢？」

說完自己的期待，要聆聽對方的期待，這樣才公平嘛！有一些人在聽到對方提出需求之後，就閉口不說話，是因為對自己的價值感很低，覺得自己過去做錯了，所以是不值得擁有更多的。

主動詢問對方是否有對於愛的期待，邀請對方開闊自己的心胸去回應，對於上述狀況的伴侶來說，不僅可以感受到被愛，還能得到真正整理自己並表達自己的機會。

如果你覺得對方提出的需求很難做到，可以用前面提到的「愛的五種語言」來歸類，再轉換成自己做得到的方式，詢問對方能否接受。像是如果你很不喜歡身體的碰觸，但對方希望你常常給他擁抱，就可以問問對方，如果是握緊對方的手，同時專心地看著對方的眼睛，是否能讓他感受到被擁抱的感覺？諸如此類的方式。

歸納與承諾

最後，整理出彼此都能接受的方式之後，用言語為彼此承諾，穩固這份愛的契約，這段溝通就算是完成了！剩下的就是透過實踐，讓彼此關係更加茁壯了！

慧玲說……

2

婚姻是我們要加倍快樂，也要彼此信任

結婚的前提是：

兩人在一起要放大快樂。

朋友A去年剛滿三十歲，她說從那之後，逢年過節就會被長輩問起：「妳什麼時候要帶另一半來給我們看啊？」「什麼時候要結婚啊？」「什麼時候要生小孩啊？」好像結婚生子已經變成世俗裡對於成熟大人的期待，當這把量尺開始丈量人生成就時，我們很容易不快樂，好像沒有達到標準，自己就是個差勁的大人。

我剛好是朋友圈裡較早結婚的人，常常看見好朋友站在「要不要結婚」的交叉路口上苦惱……但其實這沒有標準答案，因為結婚並不是人生的終極目標，一個人其實也可以很好，就看你怎麼過，而不是因為怕孤單、寂寞，所以找另一個人跟妳綁在一起，A有天問我：「欸，妳在結婚的這幾年裡，覺得婚姻是什麼啊？結婚真的好嗎？」我邊笑邊跟朋友說：「喔……結婚啊，很像一場馬拉松，然後我和小虎輪流當對方的配速員啊！」從已婚人士的角度出發，覺得這幾年的婚姻生活裡，讓我學到**當責和信任**，要對你選擇的伴侶的未來負責，也要相信你們有能力共同為接下來所要經營的生活負責。

結婚的好處是有更多資源可以交換

我覺得結婚很像長大，但和身體的長大不同的是，生理上的長大是自動的，你不能掌控它，可是進入婚姻卻是我們要主動跨出一步的長大，除了心靈上的成長，還有經濟方面也被現實催促著要成長，這個過程會有快樂的時候，當然也會伴隨很多辛苦與付出。

小虎覺得以玩遊戲的角度來看婚姻，就很像是遊戲裡的兩大聯盟結盟，資源和人脈都可以交換，同盟的力量也隨之變得強大，例如彼此的帳戶、人際連結也變多了，小虎因為認識我，進而接觸到我們家大家庭式的相處，體驗到另一種家的形式和人的互動，我也因為認識小虎，接觸到講師圈的朋友們，學習大家為彼此志業付出的那份熱情，而且結婚有了孩子之後，漸漸多了孩子們的家庭聚會，我們向其他家庭學習怎麼當爸媽，也交流彼此在孩子睡著後的自我修復方法。回頭看，這些都是單身時的我可能看不到的風景吧。

不過，**結婚的前提是：兩人在一起要放大快樂**。

很多人會覺得結婚就會變快樂，但結婚後其實還是會吵架，所以在結婚前就要想清楚，如果沒有去想未來會長怎樣，只是單純覺得結婚會變快樂，那就錯了，這樣反而更容易有爭執。如果跟一個人在一起很常吵架或是不開心，那為什麼還要一起？不能讓快樂指數變成雙倍，同時還讓痛苦加倍，這樣的有毒關係也許就不是婚姻想帶給我們的禮物，也享受不到幸福感和安全感了。

對現在的我們來說，**婚姻是一場關乎信任的馬拉松長跑**。

記得某天睡前，我突然一陣暈眩，站立或躺著總有幾個角度感到不對勁，小虎問了我一些問題，告訴我可能是耳石移位，因為他有過類似狀況，說要等孩子睡著，一起試試看他之前試過的耳石復位術。

耳石復位術是用來幫助耳石回到正確位置，需要兩個人一起完成，感到不舒服的人要坐在床上背對夥伴，聽從指令躺下或起身，需要在某幾個動作中停留約莫一分鐘，在又暈又恍惚的狀態下，我唯一能做的，就是聽著小虎的引導，由他出力推著我、扶著我完成。

第一輪，我撇過頭躺在床上，因為頭部懸空、鼻子塞住，所以只能憑藉張開嘴巴呼吸，他大大的手扶著我的頭，溫熱的感覺化解我的不安，就像是在對我說：「別擔心，有我在。」當時我很靠近他的臉頰，但是嘴巴張得很開，這畫面看起來一點也不浪漫！結束第一輪動作，我說：「我現在好狼狽喔，好像喝得爛醉，還得用嘴巴呼氣。」小虎只是笑笑的，接著要我再試一輪。

這個畫面，不就像是小時候曾玩過的「信任遊戲」嗎？

兩兩一組，一個人背對另一個人，從一數到三，背對對方的人要盡速往後倒，另一個夥伴要在適當的時機接住他。小時候我覺得好玩又有趣，覺得這是考驗人夠不夠有良心的時候。長大才知道，萬一沒接住的後果，可不是「哈哈哈」大笑三聲就能解決的。

婚姻，也許就是一場信任遊戲，只是玩得次數變得頻繁，遊戲夥伴也固定下來。

隔天醒來想起前一晚的場景，自己都會忍不住笑出來，覺得**婚姻最珍貴的就是當你看盡我所有醜態，見過我最狼狽的總和，還是會牢牢牽著我的手**，就怕一不注意，身邊這位暈頭轉向，站也站不穩的人，會一不小心跌坐在地。

輪流擔任對方的配速員，繼續前行

記得曾在Dcard上看到一篇貼文，原PO是一位女孩，寫的是因為打了AZ疫苗之後，決定和男友結婚的故事。女孩打完疫苗後產生副作用的那幾天，看到男友忙進忙出，當她睡著和醒來時，都能看見男友看著自己，時時刻刻掛心著自己的身體狀況，那一刻她發現原來真實的愛情和相處的日常就是這麼一回事。

雖然有人笑她傻，說她這樣太衝動，怎能因為單一事件就決定要和這個人共度一生？可是，在愛情的世界裡，有時候就是沒道理可言吧！愛上就是愛上，誰也無法改變，也許是因為我們知道，如果在我身邊不是眼前這個人，那麼換了另一個對象，他可以確保自己受得了我的各種任性小脾氣嗎？

信任遊戲，談得也許不只是兩個人彼此相信、給予對方安全感，另一層面來看，也是**對自己有沒有足夠信任，相信自己可以接住對方**，有能力支撐幸福背後要一起承擔的重量，從交往到婚姻，**信任除了是相信我們能一起邁向幸福之路，更多的是，日常中的互相理解**。就像是，當妳被上司、同事嫌棄，另一半不是頭頭是道地批評指教，頭抬得高高地說：「就是妳太傻啊！這件事情早就該如何如何處理……」如果這時候正在聆聽的另一半，可以用溫柔的擁抱接住我的脆弱，那該多好呢？

信任，是當感到自卑、丟失了衝刺的衝勁時，有個人可以一直相信我，相信我的才華和能力有天能被世人看見，相信我所累積的一切，都是成功路上最珍貴的東西。

信任，是當別人對我說三道四，你不一定要成為我的擋箭牌，而是默默在身後陪伴，哪一天我如果戰鬥到全身無力，轉過身還有一個人可以接著我的身軀，最後再慢慢出力將我向前推進，直到我重回戰場第一線。

在關係裡發生衝突的時候，更需要這一份「信任」，用來維繫關係。就算吵到一個人躲起來哭，另一個人躲起來打電動，也要有相信「一個晚上過去，我們還是能牽手前進」的默契，有的時候，爭執都是為了更了解彼此的想法，因為在乎所以一不小心過度用力，破壞了感情裡的和氣，但千萬別忘記，帶著這一份對婚姻、彼此的肯定，輪流擔任對方的配速員，繼續在日常中扶持前行。

慧玲說……

3 你會和另一半討論前任嗎？過去的感情，讓我們成為現在的自己

正是因為過去的感情經歷、遇到的人事物，
才讓我們從中學會如何愛人與被愛。

二〇二〇年我和小虎一起參加長耳兔心靈維度舉辦的課程（這是我第三次到這裡上課了），這一次是由張天安老師主持的進階對話工作坊，課程第三天時，有位姊姊和大家分享她沒有意識到過去的感情經歷，原來深深地影響她和老公的相處，當她開始顫抖地說出自己的故事、對先生的愧疚，我開始跟著流眼淚，最後天安老師邀請她對童年的自己說說話，她擁抱了過去在家庭關係、在伴侶關係裡受傷的自己，看了讓我深有共鳴。

結束這輪分享後，天安老師接著問：「還有人想說說話嗎？」我舉起手接過麥克風，對小虎致歉，並和大家分享我們剛交往時的故事。那時小虎已經是世人眼中有工作、有成就的男人，而我只是個即將要升大學四年級的學生，當時年輕的我不知如何應對外界覺得配不上的眼光，只知道這次的戀愛和學生時期多少有些不同，會因此打開我的視野，走進另一個新的世界，當時的我抵不住外界的看法，也因為過去屢次被劈腿的感情經驗，導致我很沒有安全感，因此常會有莫名的小情緒和小虎爭論起來。

交往約莫一年時，我們很常吵架，尤其是開始同居的那段日子，是我們吵得最凶、磨合最多的時候，吵架的話題裡有我對關係的不安、來自外界的眼光、小虎想要扮演好男友的包袱等種種原因，讓我們一度思考要不要尋求專業協助，進行伴侶諮商。

「聽了前面一位同學的分享，我才發現以前和小虎相處產生的生氣、不甘，其實是源自於我的恐懼，我害怕再次被丟下，但又不承認自己的脆弱，所以用錯誤的方式，告訴對方要跟我相守在一起。同時我也發現一件很重要的事情——我帶著滿滿的傷痕，進入跟小虎一起經營的關係裡，卻把親密關係中未曾被滿足的期待，放到了現在這個無辜的人（小虎）身上，忘記這些傷口並不是小虎造成的。」說畢，坐在旁邊的小虎緊握我的手，天安老師也帶著我重新跟十幾歲的慧玲說說話，抱一抱那時候受傷的自己。

這個和自己和解的故事，後來被我們錄製到Podcast節目中的第三集〈你會和另一半討論前任嗎？過去的感情，讓我們成為現在的自己〉。這一集直到現在還是我們Podcast節目收聽率前三名，我想，是因為前任可能是每個人生命中，或多或少會存在的角色。

感到難受的時候，好好地跟過去的自己對話

除了到工作坊學習，我們也在這一集Podcast節目裡提到小虎陪著我，一起去

見我的前任男友（故事裡的學長）。

第一次公開提到這段過去，是在二〇二一年七月，受邀到失敗者小聚的活動擔任分享者，那天我說了高中一段無疾而終的戀情，是讓我決定大學準備轉學考的關鍵，當時的我愛得死去活來，即便過程中學長和其他女孩在一塊，我也還是癡情地等待他的歸來，也因為把多數重心都放在感情上，沒能在學測時錄取想讀的校系，後來決定在大一時準備轉學考，再給自己一次機會。

沒想到那天之後，我連續近一週的夢裡都是過去這一段感情，以前那些美好的幸福的記憶，也變得更鮮明了，那段期間我特別難受，有一天晚上，我終於忍不住壓抑的情緒，睡前我問小虎可不可以談這件事情，並問他：「我現在想到還是會難過、傷心、想念，是因為我還喜歡這個人嗎？是因為我還有愛嗎？」我哭到枕頭都濕了，講話聲音也變得模糊，毫無邏輯地說著我和學長以前的故事，以及我最難過的那些時刻。

那一晚，所有故事歷歷在目，我想著：「是不是只有我還停在十六歲的夏天？」當時小虎接住了我，像是好閨密一樣陪我聊了一整夜，直到凌晨四點才入睡。雖然當晚我還是夢到了學長，夢到我們就讀高中的日子，但是我變得更有勇氣去重新面對十年前的自己。

醒來之後，小虎和我討論了一個可以和過去和解的行動方案：「如果可以，我能不能鼓起勇氣再見學長一面，和十年前的我們說聲再見？」許願之後，同年八月，楊斯棓醫師邀請我和小虎到臺中吃飯，還介紹了臺中引書店店長沛穎給我們認識。那一天要從臺中回家前，我弟打電話問我可不可以幫忙買宵夜回家，當時我做了一個想了很久的決定，鼓起勇氣，在小虎的陪同下，來到高中學長家中開的店面買宵夜。

從交往開始算起，將近十年時間，那天我們戴著口罩誰也認不出誰，點餐的時候我來回走動，一直到結帳取餐時，我鼓起勇氣，對著學長喚了他的名字：「〇〇〇。」當時的我完全不敢想像，多年之後當我再稱呼〇〇〇會迎來什麼樣的畫面。

成熟的我們，就像電影劇情一樣禮貌地問好，學長還開玩笑地說：「天哪，這也太尷尬了吧！」從學長言語中得知，他知道小虎是講師，也知道我們有了孩子，更發現他多少也還是在意現在的我過得好不好。因為店裡客人眾多，我們沒有聊太久，最後我再一次鼓起勇氣，瞇起眼睛笑著說：「好啦，謝謝啦，辛苦了！再見，掰掰！」

我牽著小虎的手，假裝鎮定地走回車上，邊發抖邊問小虎：「可不可以讓我聽一首歌？」他知道是哪首歌，說聲「好」之後就拿起手機開始播放音樂，我當時心裡想著：「聽完了，就代表我和十年前的這段感情，也可以好好說再見了，終於可以說謝謝了。」梁靜茹〈會過去的〉這首歌循環播放著，音響裡開始傳來第一個音時，我的眼淚就再也沒停過，戴著口罩完全不敢哭出聲，撇過頭看窗外零星的路燈，腦海裡的畫面跑得很快、很快，快到我都要追不上十年來的變化。

一路上，小虎一個字都沒說，在安靜的鄉下街道，特別放慢車速，用時速四十的速度，陪我從十六歲走到二十六歲。

〈會過去的〉是我當時失戀時，每天都會聽的歌，每一次聽都會哭個不停，還會自虐式地單曲循環，甚至是哭著睡著，沒想到這麼多年以後，當我聽到這首歌，心還是會揪在一起、難以呼吸，那時候我帶著告別過去的心情，還有感謝的心意告訴自己：**「這是最後一次，帶著難過、複雜的心情聽這首歌，下一次再聽，我可以不再這麼害怕，我會對你說聲謝謝的。」**

在當年這段感情中，我所有未被滿足的期待，在不知不覺中潛入心底，傻傻地陪我走入後面的感情，無知的我也在不自覺中，將這段感情的傷痕，變成了傷害往後感情的利器。因為有過學習薩提爾對話的經驗，小虎和我一起回頭抱一抱十六歲的慧玲，那時候的我終於理解了，我的愛和眼淚是心疼當年在愛裡受傷的慧玲，因為遭到欺騙，還有接續有第三者介入，不甘心自己傾盡全力的愛，最後卻被拋在身後。

我的心痛是捨不得當年的慧玲、捨不得沒能和學長走到最後的慧玲、捨不得愛到深處無怨尤，卻不能和學長攜手同行、共築未來的慧玲。

現在的我，重新整理這段過去時，邊寫著這篇文章，邊聽著〈會過去的〉這首歌，心裡還是會感覺酸酸麻麻的，但我終於不再覺得遺憾不甘了，也知道如何健康地看待現在的感情，並在**感到難受的時候，好好地跟過去的自己對話**。

現在，我有了支持我的伴侶，還有兩個可愛的孩子，學長也決定步入婚姻，我們更在彼此伴侶都知情的狀況下，重新成為朋友，這份難能可貴的情誼走過十個年頭，很感謝長大後的我們。

雖然我們最後沒能走到一起，但是謝謝你教會我好多事情的曾經，謝謝生命裡和我一起走過一段的前任，因為有你，我曾經幸福快樂，也因為有你，我曾經感受過撕心裂肺，但也學會堅強面對。

如果說我們的工作和生活，都是因為有過去打拚的過程，才能累積成今天的成就，那麼談感情是不是也一樣呢？我有過前任，也曾經是別人的前任，**正是因為過去的感情經歷、遇到的人事物，才讓我們從中學會如何愛人與被愛。**

獻給每一個曾經在感情裡受傷的你：

「我曾為你快樂也曾為你挫折，曾把你緊緊抱著，緊緊依賴著緊緊地愛著，離開很不捨得以為會崩潰的，卻在最痛的時刻最感覺清澈，什麼都會過去的。」——梁靜茹〈會過去的〉

4

用故事寫作，把過去寫成喜劇

小虎說……

那些過去的事件不會只是帶來傷害，
同時也會讓我們有所成長。

和過去說再見，是我們一輩子都會面對的功課，每一個糾纏自己的過去，在我們心中都可能是一部沒有結局的故事，在高潮迭起時斷尾，或是經歷了風風雨雨，卻沒有得到任何救贖。

如果，過去那些破碎的故事，有機會重新架構成一個完整的劇情，會對我們的人生會帶來什麼樣的影響呢？比方說，因為我曾經被人背叛過，所以只要我後來對人感到心動，或是與他人開始產生友好的感覺，會為了避免自己再次受傷，而不由自主地退縮，這在人際關係、親密關係中都帶來了一些阻礙。

不過，遭受背叛的故事也讓我學會怎麼去觀察人、他人是否誠懇等，可以分辨得更加準確，也讓我把更多重心放在自己身上，對自己的人生負責，而不是期待突然出現一位白馬王子，為我帶來幸福快樂。

當我學會從過去的故事中，看見這些事件為我帶來的成長和技能時，才終於從「為什麼我要遭遇這樣的事情」的崩潰中振作起來，認識自己並不只是個無辜的受害者，而是一個不斷茁壯的生命個體——**那些沒有將我打倒的，都會讓我更強大**。

有些故事的結局之所以悲傷，是因為在悲傷的地方就完結，而有些故事，雖然過程既艱難又殘酷，但最後卻帶來了希望，所以結局還是成了喜劇，帶給觀眾更多溫暖，我們的生命歷程不也是這樣嗎？**我們都有能力重新改編自己的故事，**那些過去的事件不會只是帶來傷害，同時也會讓我們有所成長，只是我們往往不會發現它帶來的好處。

你可以在夜深人靜的時候，給自己一段完整的時間，把過去那段經歷寫下來，無論是寫在紙上，或是用鍵盤敲擊都可以。

角色背景：當時，你是個什麼樣的人？有著什麼樣的夢想？

故事開端：後來遇到了什麼樣的人事物，開啟了這段故事？

產生衝突：故事中，遭遇了什麼樣的困難，使你的心境掉到谷底？

面對無法釋懷的過去是一件很令人害怕的事情，這就好像撕開傷口的結痂，撕的過程會伴隨刺痛，而且也不知道究竟傷口是否已經癒合，或撕開之後會不會流血，這整件事都可能令人不安。所以，你也可以試著用第三人稱的方式，主角不要寫「我」，而是用名字來稱呼，甚至可以把所有相關人名都替換掉，把過往寫成像小說一樣，這樣多少能幫助自己從中抽離。

最重要的是，故事的結尾，要寫主角經歷了那麼多事情之後，成為了什麼樣的人，學到了什麼能力，克服了後來遇到的什麼樣的問題，如此一來，這個故事就會有一個帶著希望的結局。

低潮：在遇到那樣的衝突之後，你如何消沉？

頓悟：但在這之後，學會了什麼？是眼界變高了，還是能力變強了？

圓滿：這些成長，為你解決了什麼麻煩？或帶來什麼好處？

如果有一天，這些過去的故事帶給你的不是無盡的悲傷而是驕傲，我相信，就會是一個**讓你在未來可以笑著談的好故事，也可以為他人帶來更多希望**。

差點忘了，在最後，也可以為你的故事選一首片尾曲，就像在電影正片結束，工作人員名單開始滾動的時候所響起的音樂，這樣儀式感十足的過程裡，也會有相當療癒的作用喔！

5

慧玲說……

伴侶之間，必須擁有各自獨處的「貓咪時間」

要先學會愛自己，
才有能力照顧好身旁的人。

記得剛交往滿一年時，我和小虎開始同居生活，同居初期很甜蜜，對方展現的所有姿態，對我們來說都好可愛。然而，日子過了保鮮期，隨著許多看不慣的行為、期待被包容的感受，爭執就頻繁地在日常中上演。

當時我最無法忍受吵架變得激烈時，小虎會一句話都不說就轉身離開，遇到這種情況，我的後腦勺總是麻麻的，帶著害怕與無力，抱著枕頭痛哭，因為我的原則是不把情緒帶到隔天，卻又總是急著把架吵完，反而弄巧成拙，互相傷害。

那時我在獨立書店工作，某次吵架隔天，盤點新書時看見《依戀障礙》《孤獨的冷漠》這兩本書，作者岡田尊司分別針對「焦慮依戀」「逃避依戀」進行說明，書中提到的現象，正符合我與小虎的狀態，我是焦慮，他則是逃避。

下班回家，我提出接受伴侶諮商的邀請，雖然小虎答應我要去，但卻一拖再拖，後來才明白這項邀約也為他帶來壓力。

我需要連結，而他需要獨處，當時我是這樣想的。

每個人都需要連結，也需要獨處

相隔一段時間後，有天小虎興沖沖地找我聊天，我立刻停下手邊事情，跟他瞎聊一番。話題結束後，他決定去打電動耍廢，我卻感到莫名焦躁，覺得他在敷衍我，隨意把我晾在一邊。

事實上，他確實陪著我好好說話，但我卻弄不清這些情緒從何而來，過了半小時，我突然驚覺，原來是因為我獨處的狀態被打斷，才湧上一種「我犧牲了這段時間陪你，結果你沒讓我滿意」的不平衡感。

這才發現，我低估了自己對獨處的需要。

冷靜過後，我跟小虎道歉，並商量能否給我獨立的空間，因為當下的我並沒有想要聊天，只想寫日記，紓解忙碌一週後的壓力，跟自己好好對話。

後來小虎提出了號稱可獲頒諾貝爾和平獎的「貓咪時間」，即**向另一半提出「我需要獨處」的訊息**，這個概念取自貓咪崇尚自由的性格，而可愛的名字，也不會讓對方有被推開的感覺。

貓咪時間的運作方式，需要自行提出，告訴對方：「我晚上需要一個貓咪時間喔！」至於需要花多長時間，我們從來不過問，就像貓咪一樣舒服自在，一旦需要人陪伴，就會自己蹭過來。這段時間裡，另一個人也能開始學習分配生活重心，將專注力放在感情以外的人事物。

有的時候，我們會比對方更早發現：「你看起來狀態不太好。」就會嘗試詢問：「你需要來個貓咪時間嗎？」久而久之，也避開爭吵的可能性。

後來才明白，**「獨處」是一門學問，在還沒整理好思緒之前**，容易將未沉澱的情緒轉移到他人身上，不只傷害兩人關係，也讓情緒找不到出口，因此要先學會愛自己，才有能力照顧好身旁的人。

現在，當我們需要獨處，會事前告知對方，可以一人占據客廳一角，把對方當成透明人都無所謂，一旦處理完手邊工作或是平穩情緒後，會和對方說聲：「我好了！」

邀請對方一同建立你們的默契

當我們單方面提出在「關係中做出改變」的邀請，難免會讓對方產生壓力，若沒能好好溝通，可能導致互相指責，導致不愉快收場。對此，我想借用賴佩霞女士在《我想跟你好好說話》一書中提到的「非暴力溝通」四個步驟：**「觀察、感受、需要、提出請求」**，正好可以套用在提出貓咪時間的對話上，以下是我轉化這些方式的做法：

觀察：客觀的陳述事實。例如：「我今天上班開了兩場馬拉松會議。」

感受：談談事件中的真實感受。例如：「覺得身體和頭腦都累累的。」

需要：從事實與感受中，釐清價值觀及未被滿足的需要。例如：「今天可能沒辦法一起追劇，讓你失望了，我休息後再跟你一起看完結篇，好嗎？」

提出請求：具體地表達需要。例如：「我想我需要睡一覺的貓咪時間，清醒之後才有力氣，好好陪你。」

這四個步驟看起來簡單，實際演練起來卻不容易，主要著重在說出自己的感受，另一半也要學習溫柔傾聽，需要時間不斷練習，讓親密關係保有彈性，進而提高伴侶間的溝通品質。

祝福大家找到適合兩人的相處默契，最後，記得在結束貓咪時間後，給對方一個大大的擁抱喔！

小虎說……

6

建立良好親密關係的三個溝通練習

學會怎麼與對方平衡「我」和「我們」的溝通。

二〇二一年三級警戒期間，身邊的朋友們開始在家遠距工作，那時很多朋友會找我們夫妻聊天，好奇我們平常是怎麼一起在家工作，又可以兼顧照顧孩子的角色，他們苦笑地說：「以前還可以去辦公室上班的時候，如果前一天晚上跟我老公／老婆吵架，至少隔天醒來還有不同的空間可以冷靜一下，不過現在沒得選了，必須長時間、近距離地相處，越來越多問題也跟著慢慢浮上水面了，實在是心好累啊……」

這讓我想到剛開始和慧玲因為同居而產生的磨合期，我們得要面對彼此吵架後的壞心情，也必須學會更有效率地自我溝通、轉化情緒，雖然被迫成長的過程很痛苦、吵了更多的架，但也培養各種和好的默契，也學會怎麼與對方平衡「我」和「我們」的溝通，也就是**兩個人的關係中，我、你、我們之間的界線**。

從交往、同居，到成為父母，再到一起創業，對於如何建立伴侶間良好的溝通模式，我們學到的不是用各種厲害的對話公式，套入某某法則就可以好好說話，而是**伴侶之間的「溝通系統」必須從不起眼的日常生活中累積起來**，這其中包含了和自己相處的能力，以及培養伴侶之間的默契。

照顧自己的需求也培養「翻譯」的能力

照顧自己身體的需要，練習不忍耐

「有不好的情緒？忍一時海闊天空！身體感覺有點疲勞？再撐一下就有彩虹！」這些想法有時候會讓人對自己的感受越來越遲鈍，也會讓人離自己越來越遠。

我們大部分的人在成長過程中，一直學習忍耐，長大以後很習慣壓抑自己的感受。但是，不管是心理的忍耐還是生理的忍耐，壓抑感受會讓自己更容易煩躁，這個道理相信大部分的人都懂。

不過，我們很多時候無法察覺自己正在忍耐，是因為忽略感受已經變成一種自動化行為，即在無意識時發生，尤其是對身體的感受，我們常常用自己的意志力，選擇忽略它們，像是明明覺得肩膀很痠痛，卻因為工作還沒完成，就強迫自己靠意志力，忍耐地做完；或是追劇到眼睛很痠了，卻因為心情亢奮，告訴自己再看一集、再看一集……

可怕的是，壓抑身體感受帶來的煩躁感是很容易累積的，這些藏在內心陰暗角落的感情，會如黑洞般影響你的好心情、削弱專注力。當你沒來由地想對人發脾氣，或是想要粗魯地對待人事物，那就是累積到快滿出來的徵兆了！

請好好照顧身體的需要，練習不要過度忍耐身體感受。例如感覺皮膚黏膩時，就趕快去洗個澡；肩頸痠痛時就中斷工作一分鐘，起來伸展身體。當你開始練習不忍耐，每次在第一時間照顧好身體的感受，身體回饋給你的舒適感，會與好心情互相加持，讓你整個人神清氣爽，就算心情不好，照顧好身體感受時，會得到安慰，也可以更快地將不好的內在感受轉化掉。

忍耐不是不行，但如果你是有意識地忍耐，並且在忍過之後，**能回頭來好好照顧自己的需要**，那麼我們離自己的心就能更靠近一些。

表達獨處的需求

只要是人，都會有各式各樣的需求，比方說填飽肚子、獲得成就感與歸屬感、擁有自由去做選擇等等，我們做了很多努力，都是為了讓自己有能力去滿足更多的需求，但是有一種需求卻很容易被忽略，就是「自己獨處」的需求。

尤其是當兩個人相處在一起的時候，會花費更多的心力去照顧對方的感受，實在沒有餘裕看見自己獨處的需要。如果你的伴侶生活中，很少「自己」而只有「我們」，就容易感到不平衡、沒耐心，最後就會對這段關係感到厭煩了。

我們常常特意留時間給「我們」，像是空出時段來約會，或是安排紀念日之類的儀式性活動，卻很少留時間給「自己」，不太會特意察看行事曆，保留和自己約會的時間，或是給自己每週或每個月一次的「Me Time」。

生活中的獨處時刻，往往是忽然降臨的，像是另一半臨時被工作抓走，你忽然有了一段空檔，或是孩子提早睡著了，你多了一點時間可以利用。

但，這種忽然降臨的空檔，我們往往不知道怎麼利用，甚至很多時候才剛意識到「是時候可以好好做自己了！」的瞬間，獨處的時間就忽然被打斷了，像是一通電話讓你也被工作抓走，或是孩子忽然醒來大哭。

不完整的獨處時間，就不會有好的獨處品質。如果你與自己相處的時間總是品質很差，有一天會發現，你對世界的一切都感到很不耐煩，總是容易生氣、怪罪他人，那不是因為世界不好，而是因為你變得不喜歡你自己了。

我跟慧玲有一個常用的暗號，就是「貓咪時間」（可見Chapter 2 第五篇），透過這個暗號，我們可以很好地知道對方的狀況不太好，但對方現在無法整理出原因，所以需要自己獨處一下、調適心情。

同時，也因為我們都對於獨處的需要很有共識，所以都不會過問細節、尊重對方的需要，讓對方去「貓咪」一下。

你能跟另一半表達獨處的需要嗎？你能讓對方知道「獨處」對彼此關係的重要性嗎？邀請你的伴侶和你對焦一下，討論該如何互相配合，試著找到屬於你們的獨處暗號吧！

培養「翻譯氣話」的能力

生活中還是難免會有情緒化的時候，像是做不好某件事而感到挫折，實在很難不發個脾氣，解解心頭的火。我們自己會這樣，別人當然也會有這樣的狀況。當別人生氣，說了氣話，可能會讓你感到很受傷或是很不公平，覺得對方情緒的責任又不是在你，自己是被遷怒的。

過去人們常說：「別把別人的氣話聽到心裡去。」這可不是一句話就能讓人做到的事，如果可以，這世界哪來那麼多的委屈和不愉快，是吧？因為當你聽到那些氣話時，你已經感到難過了，這時候卻告訴自己不要受傷，這樣不是很衝突嗎？因為內在的感覺已經很不好了，外在的道德標準卻自我批判：「你的感受不好，是因為情商不夠，所以不應該這樣，現在趕快把它收起來！」這時候，你的感受可能會有兩種反應，第一種，跟理智抗衡到底，直到證明自己有資格感到受傷為止；第二種就是暫時忍讓，但是躲在陰暗處等著對自己復仇。無論是哪一種，都是消耗內在。

我們的大腦，都有內建**「翻譯功能」**，在職場打滾多年的你，應該有能力去翻譯老闆的話中有話、言下之意、弦外之音，對吧？好消息是，它其實還能做到一件偉大的事情：翻譯別人的氣話。只不過，你得自行更新它的翻譯資料庫，如果資料庫不夠大，遇到它不會翻的，就不會起作用囉！

要怎麼更新翻譯他人氣話的資料庫呢？這並不難，**「觀察」**就是了。

我們總是能從對方的長期行為中觀察到各種模式，例如，某人只要肚子餓了就會很沒有耐心。你只要知道這個模式，就能在那個人很沒耐心，開始用不好的語氣催促人做事的時候，把對方的「吼唷，你怎麼連這麼簡單的事情都不會！」翻譯成「唉唷，我的肚子好餓了！」如此一來，就能擋住那些情緒化的語言，不讓它們跑進你內心柔軟的地方搞怪。

同樣的道理，每個人在說氣話的時候，都會有背後的某些原因，像是對方跟你吵架吵不贏，就說：「我們乾脆分手吧！」對方肯定不是真的想分手，只是一時氣頭上做出了不理智的發言，但是這句話可能會讓苦苦經營這段關係的你感到很受傷：「我們為這段關係努力了那麼久，怎麼就為這種小事說分就分？太過分了！」請用回想過去的方式來觀察，對方在氣頭上，說出分手或類似「不理你了」之類的氣話，都有著什麼樣的脈絡呢？你有沒有發現，這種類似的氣話，其實都可以簡單翻譯成：「我那麼喜歡你、那麼在乎你，我就希望被你疼愛嘛！」之類的撒嬌語言。

所以，當你聽到「我們乾脆分手吧！」的時候，如果第一時間冒出的念頭是：「唉呀，又在撒嬌！」你的腦袋就比較不會一直往「對方動不動就說分手，好傷心！」去想，而是放更多心思在怎麼去回應對方的撒嬌上面。

不過，如果你有受傷的感覺，**請一定要在回應完對方的撒嬌，情緒回復平靜的時候，好好地告訴對方**，畢竟人們往往無法注意到自己的語言是怎麼傷害到他人的，這當然是有其必要去要求對方改變的習慣。

培養「翻譯氣話」的能力，不是只有在真的吵架時才能練習，其實也可以在日常生活中練習，像是看電影、追劇的時候，幫角色翻譯真心話，因為故事中大多數的衝突情節，都源自於雙方期待不同，彼此沒交集而感到受傷才開始的。而且，當我們站在旁觀者的角度練習，也不會像真的吵架的時候，又得花更多心力照顧自己的不舒服感受，所以可以更有效率地累積翻譯資料庫喔！

小虎說……

7

從不吵架的關係，就是和諧美滿的關係嗎？

當我們把角色的限制拋開後，其實溝通就變得很順利了。

夫妻共同創業真是一個非常好的聊天話題，總是可以引起非常多的好奇與討論。

每次上計程車或是給師傅按摩，人家問我：「先生，你是做什麼的呢？」我回答：「我是做聲音訓練和溝通教學的，跟我太太一起創業！」一聽到我們夫妻共同創業，大家的反應總是很誇張：「真的假的？這樣不會吵架嗎？」

在我演講的時候，也常有學員注意到這點，會問：「你們夫妻感情一定很好，都不吵架的～」

從不吵架的關係，就是和諧美滿的關係嗎？

事實上，我們雖然沒有天天吵架，但偶爾還是會爭吵，只是爭吵的目的從來就不是為了把對方推開，而是一種**摸索彼此界線，並學會互相尊重的一種方式**。學會在各種層面上尊重彼此，更是維護關係很重要的一項功課。

其實剛開始交往時也滿怕吵架的，因為還沒養成吵完架和好的默契以前，我們知道彼此的脾氣都很硬，所以也會擔心一個不小心，讓兩人的負面情緒相互作用，越滾越大，小事情都可以鬧成大新聞。

還記得剛同居時，光是為了「熱水壺底座要不要拔插頭」就可以吵一整晚，只是生活小事就吵成這樣了，實在很難想像多年後，我們還會一起工作呢！幸好我們在結婚前就已經培養出了一些「和好的默契」，也知道彼此會在意的點，所以在吵架時，盡可能減少互相傷害的機會。

工作上，慧玲是公司負責人，也就是我的老闆，負責管我，而我則是產品本身，負責把課講好。我們的工作和生活步調很不一樣，慧玲性子比較急，我則是需要慢慢來，一起工作時，難免會因為彼此步調不同產生一些不順。如果我們不是夫妻，而是一般職場上的關係，這樣小小的不順，倒是沒什麼關係，因為不好的感覺只需要忍一忍就過了，大不了就是下班回家之後，跟另一半吐個苦水就舒暢了。但是，我們下了班，面對的另一半還是同一個人，這根本就沒辦法解決呀！

一開始，為了減少工作對於夫妻關係的影響，我們會刻意切割角色，把工作和生活分開，像是我偶爾會不滿慧玲講話太直接，或是我在提出想法時，總是對我先持否定態度，當我對此提出抗議的時候，慧玲會刻意跟我強調：「我剛才說這些，不是站在你太太的角度說的，而是站在一個經營者的立場說的喔！」雖然理性上知道對方在做角色上的切換，但是聽到對方這樣說，反而更容易生氣，感到不舒服。

後來我才知道，原來人類都不喜歡自己的人性被**「過度簡化」**，例如「貼標籤」「刻板印象」等，都是過度簡化的結果，一旦感覺自己被過度簡化了，會感受到不被尊重，所以會因此感到委屈、憤怒。

把角色的限制拋開，學會接住對方的期待

刻意把角色做切割也是一種將人性簡化的做法，雖然這種做法在道理上說的通，但是卻必須強迫彼此壓抑自己的人性，反而會破壞夫妻的和諧呢！

後來，我們決定取消這個溝通制度，**不再區分「工作中的你我」和「生活中的你我」，把對方看做一個完整的個體**，也就是說，我們面對的不只是工作上的角色，同時也要兼顧到家庭中的角色。

聽起來超難的對嗎？說實在的，一開始真的很難，因為很多事情都參雜在一起，所以當下的情緒很難轉化。後來我們摸索出一種模式，重點不在於「我想要用什麼角色溝通」，而是**「對方希望我用什麼角色溝通」**，在溝通的時候不能只聽內容，而是要試著聽內在的感受，簡單來說，就是**先照顧心情，再處理事情**。

我舉一個例子。

今天難得沒安排工作行程，慧玲希望我們一起到哪裡走走、散心。

「今天難得沒有安排工作，我們一起去外面走一走好不好？」慧玲說。

「可是，我明天的課還沒有備課完呢，我想要在家裡工作一下。」我回答。

「這堂課不是兩個月前就安排好的嗎？你怎麼不預先準備呢？」慧玲不解。

我們以前通常會在這個環節吵起來，我因為慧玲質疑我的工作能力感到生氣，加上前一陣子其實我有很多事情在忙，根本無法靜下來備課，所以被這樣說會很委屈。

最後的結局可能會是：

我說：「妳是我的經紀人，明明最清楚我這段時間有多忙，根本沒有時間備課好嗎？是我不專業還是妳不專業啊？」

慧玲說：「算了，每次都這樣，那就不要去了，在家工作吧！」結束吵架後，雖然得到可以工作的時間，但因為這個爭吵，心就是靜不下來好好工作，反而效率大打折扣。

另一種結局則是：

我說：「好啦好啦，那就聽妳的，我們先出門去，我晚上再來工作！」但是實際上，我出門時，滿腦子都還是掛念著工作，反而讓對方覺得這是一場沒有交集的約會，浪費了彼此的時間，又更生氣。

其實，無論我們選擇在家工作，還是先出去約會，半夜再來備課，這些選項都不是重點，而是這段過程中，我們都表達了某種需要，但對方並沒有接收到，所以最後才變成不得不委屈某一方的局面。只要有一方感到委屈，就不是好的溝通。

在這段對話裡頭，慧玲真正在意的點不是因為我的課程沒有預先準備，而是因為難得有機會可以享受兩人時光，卻不得不被工作綁架，又不想因為鬧脾氣而顯得不專業，所以用了管理職的角度來跟我抗議。而我則是因為最親近的人沒有體諒我，反而先責怪我，使我覺得不被愛護，而感到失望，所以選擇用專業的自尊心來保護我自己。但後來學會向對方表現出自己不是那麼全能的模樣時，我們是這樣溝通的。

我說：「前陣子真的很忙呀，一直無法好好專心備課，所以我原本就預計要利用今天沒有行程的空檔好好準備一下。」

以前慧玲聽完我的解釋，可能會責怪我：「你怎麼沒有先說呢？這樣我就會安排時間給你做準備呀！」但後來她也學會直接表達內在的需要：「可是我們真的很久沒有約會了，一直在工作、工作、工作，我覺得快要窒息了啦～」對，直接撒嬌給我看！

「我知道了，只是我沒備完課會很焦慮，今天能不能讓我先好好備課，之後我們在行事曆上留一個約會時間，無論什麼工作來，都不能影響我們的約會，好嗎？」我問。

「好吧！那別忘了之後如果你需要利用沒行程的日子備課，也可以提前先註記，這樣我也好自己找事情來做喔！」慧玲提醒。

當我們把角色的限制拋開後，並學會接住對方的期待，其實溝通就變得很順利了！

誰說夫妻創業會因為吵架而吵壞關係又阻礙事業的？我們認為，夫妻創業反而更能夠理解彼此，創造出更好的溝通模式，當然，前提是彼此都願意學習好好溝通啦！

8

小虎說……

重視他所重視的事情，就能打開彼此的心

分享應該要出於本人自願，
而且基於快樂的理由才正確。

從與孩子的相處中，我學到一件事：「**打開對方心房的鑰匙是尊重，而尊重的具體做法就是讓對方知道，他重視的事情，你也放在心上。**」我發現，學會和孩子溝通之後，我的身段也變得柔軟很多。

過去，我跟大兒子抓寶很常因為「不願意分享玩具」而鬧得不愉快。

有時候朋友帶著小孩來家裡玩，我們會鼓勵小朋友們一起玩玩具。但是，小孩好像都有一種天性，就是總覺得別人正在吃的東西比較好吃，別人正在玩的玩具比較好玩。抓寶會因為其他小朋友玩得很開心，就把玩具搶回來，宣告那個玩具是他的，不想借給對方。

小朋友玩到一半的玩具被搶走，哪裡還講道理？當然是當場互罵，或是大哭大鬧，叫爸媽來幫忙處理，有的時候甚至還會直接出手打人……反正就是動用他們所有的「資源」，勢必要把玩具重新搶回來。

我實在很看不過孩子們不願意分享玩具，在家裡吵架、拉扯的狀況，而且他們這樣吵鬧，大人也很難好好聊天，所以我都會介入孩子們的爭吵去做協調，當時，我總是習慣性地說出自己的期待，也就是要求抓寶跟其他小朋友們分享玩具，並且解釋分享玩具是什麼樣的美德，接下來會發生的事情你可能已經猜到了：用這樣的方式和抓寶溝通，通常都會變成換他跟我吵架，最後以不歡而散的結果收場。

不過，吵了幾次之後，我忽然覺得，雖然分享玩具很好，但要求孩子立刻接受「分享」的概念，是很不合理的一件事。因為小孩還很小，不知道人生廣闊，所以對於自己擁有的東西比較難以放手。在「非自願」的狀況下，要求他們把玩具分享給其他小朋友，就會形成一種「剝奪感」，感受會相當不好。

後來我醒悟了，原來，**分享應該要出於本人自願，而且基於快樂的理由才正確**，而不是為了符合大人的期待，要當一個好孩子所以分享。當我想通這個道理之後，才知道該怎麼跟孩子來溝通。

某一個週末，幾個不同家庭的孩子們又玩在一起，又開始因為搶玩具搶到哭，我做好心理準備之後，又再一次介入。不過這次我是站在孩子這邊。我請他們停手，把玩具都先交還到主人手上，一切從頭，然後我蹲下來，對我兒子說：「寶貝，你不想跟他分享玩具，對嗎？」

他生氣地哭著說：「對，他搶我玩具！我不要分享！」

我說：「我知道了，我也贊同你，沒有人可以搶別人玩具，那是不應該的，對不對？」他噘著著嘴巴說「對」。

我繼續說：「所以如果你不想分享，我也不會要求你分享，我只是想告訴你，這都讓你來做決定，好嗎？」他停止哭泣，說「好」。

我說：「那這樣就好了！不過你們小朋友們難得可以在假日約在一起玩，我覺得讓大家都玩得盡興也是很重要的。我想知道，你覺得你還想再玩多久才可以借他玩呢？」

他天真地轉了一下眼珠子，回答我：「四分鐘！」我說好，然後向剛剛跟抓寶吵架的小孩說：「他說再四分鐘才能借你，你先玩其他的好嗎？」那個小孩也答應我。結果這些對話才結束不到一分鐘，他們就開始在交換玩具玩了。

這樣說話確實挺需要耐心的，對吧？雖然用大人的權威來命令他們分享玩具比較快，但是這也會累積他們的委屈，等長大以後，可能也就對於自己所有擁有的一切會沒有安全感，變得神經質或是有過度強烈的掌控欲。畢竟，我自己走過這樣的成長歷程，所以就也更希望孩子們在成長過程中，不再因為執著於得失而看不見全局，或是因執著而錯過更多美好，於是我才選擇用尊重的態度來溝通，盡可能地維護他們的安全感。

（不過，孩子們在那之後還是會一直反覆地為了爭玩具而吵架，我也才漸漸意識到，小朋友們不可能不吵架，因為那是天性啊！所以後來我也讓自己學著放手，讓他們在爭吵中學習維護自己的權利。）

話說回來，與孩子的這些相處，讓我看見原來人對於「被理解」「被尊重」的需求，是這麼樣的重要。

其實人之所以會變得固執，是因為感受到「不被理解」，當不被理解，我們就會急著想讓對方理解，進而為自己的觀點辯駁，或是否定對方的觀點。

想想，如果兩個人的心都關了起來，無論彼此多努力想讓對方多理解自己一點，都進不了對方的心裡面，這很浪費時間也很耗精力，是很沒有效率的一件事。所以後來我跟別人發生意見不同的時候，也學會提醒自己**「讓對方多說一點」**，不僅可以讓我可以用對方的角度來思考事情，也讓他覺得自己被尊重了，使我的觀點更容易被接受。

9

小虎說……

少一點期待，多一點無條件的愛

無條件的愛是情感累積的基礎，
因為連結，才讓我們的關係堅不可摧。

從小到大，當我聽到比較親近的家人、伴侶或是很要好的朋友，提出以「為什麼不」為開頭的建議或指教時，總是會很不理性地反駁。這些建議的內容，往往都是正確的，照著做也確實更好，可是聽到的當下，卻會感到莫名的生氣，然後就會跟對方唱反調。

例如，當我聽到：「你都已經在打噴嚏了，為什麼不多穿幾件衣服呢？」我就會說：「我現在就覺得很熱啊！」但當下我確實有點冷，只是因為生氣才覺得熱的。我想，對於我來說，「為什麼不」這句話，不僅讓自己覺得被責怪，可能也暗示了他人對我的不理解：「我不理解，這麼明顯的事情，你怎麼會沒有注意到呢？」「我不明白，這麼簡單的道理你竟然不懂？」

可是很奇怪，這樣的句型，如果是不那麼親近的人說出口，我反而會用很正面的方式來看待，像是工作的時候，如果合作對象對我說：「你為什麼不這樣做呢？」我會好聲好氣地回答：「說的也是，我怎麼沒有想到呢？」

對親近的人，為什麼會這麼生氣呢？

有一次跟朋友帶孩子們一起吃飯的時候，朋友的四歲孩子因為挑食，所以大人勸了很久才願意吃，結果吃到一半，卻想把嘴巴的東西吐出來，但又因為嘴巴裡有東西，根本無法好好說話，所以對著他爸爸一邊用手指來指去，一邊用力地發出

「嗯嗯嗯」的聲音來命令爸爸做事情。

這位爸爸也很生氣，原因是他勸了孩子很久，才讓他好不容易把食物吃進嘴裡，結果馬上又吐出來，同時，孩子用手比劃的動作也讓他覺得不禮貌，所以朋友沒有立刻把碗盤拿過來接，而是請小孩用溫柔的方式好好表達。但小孩越來越心急，表達的態度也越來越急躁，這樣的反應當然讓爸爸更生氣，所以朋友的態度就更加堅定，要求對方改變態度，希望小朋友學會有禮貌地表達請求。

這樣一來一往，小孩的眼睛都紅了，眼睛也飆出淚水，小孩的媽媽看得於心不忍，趕快把碗拿過來接，結果小朋友不僅吐出了嘴裡的食物，也吐出很大一口痰。這時我們才知道，原來小朋友吃到一半，因為鼻水倒流的關係，有一口痰卡在喉嚨裡，差點噎到，所以才會想要趕快把它吐出來。

如果知道孩子喉嚨有痰，就能避免這種衝突了，對吧？不過說真的，一個四歲小孩就算嘴裡沒有食物，也不一定能好好表達想要吐痰這件事情，因為他年紀尚小，有太多常識是不曾領悟的。所以，孩子們心裡都會期待大人可以無條件地接受、擁抱他們。

什麼是有條件？就是**有明確標準**的意思，例如，當孩子用沒禮貌的方式提出請求的時候，大人也就不願意幫忙，這就是「有條件」。

回到大人的角度，當我們聽到別人說「為什麼不」「真搞不懂」之類的話時，真的很難回答出為什麼，畢竟對方提出的建議更合理、更正確。我們心裡確實會生氣，但是生氣的原因是認為，明明是如此親近的人，為何不能接受這樣的自己？

「你只需要存在就夠了。」

人的心裡有很多難以用言語來表達的原因，導致我們無法達到更好的水準，像是可能因為一點小小的分心而忽略了細節，或者因為當下沉浸在一些感覺裡面，所以顯得有些狀況外。這些狀態很難用言語說明，但別人很容易因為這樣的情況，認為你粗心大意、不用心、不認真等等。然而我們渴望的是親近的人可以不那麼在意，或是能用溫柔的方式來看待自己的小瑕疵。

總而言之，我們確實需要從親近的人身上得到一點無條件的愛，是一種暫時忘記「標準」，純粹表達出彼此連結的一種愛。即使不再是孩子了，也依然希望能這樣被愛。

無條件的愛是情感累積的基礎，因為連結，才讓我們的關係堅不可摧。相對地，如果關係中都是滿滿的期待，這些期待是會將對方壓垮，然後逃跑的！像是：「你一定做得到的，我會陪你一起！」這句話雖然聽起來很積極正面，卻帶有強烈的期待，聽到的人可能會想：「要是自己做不到呢？會不會就讓你失望了呢？」但如果你這樣說：「如果你想要努力試試看，我會陪你一起！」以對方的意願為出發點，讓他自行決定要不要努力，無論結果好壞，都有你在。這樣聽起來，內在是不是也平和得多了呢？

有個朋友跟我分享過一個故事，當中有一句讓我很感動的話。

他說某一次女友在工作上遇到了挫折，情緒有點不好。朋友見狀後，很希望讓對方能夠打起精神，卻不知道該怎麼辦才好，想試著幫忙解決問題，但是對女友的工作完全就是一個外行，也沒辦法幫上什麼忙。

朋友最後對這狀況很無能為力，就對女友說：「真的很抱歉，感覺我這男朋友好沒用，沒辦法讓妳開心起來……」女友聽了之後卻笑了，她說：「傻瓜，我的問題本來就不是你的責任，我又沒有要你必須要很有用，你只需要存在就夠了！」

「你只需要存在就夠了」，這就是無條件的愛呀！

10

慧玲說……

面對感官轟炸，如何幫自己充電？

感謝有這些感官的刺激，
讓我漸漸學會照顧自己的感受，
也讓我對自己有更多的認識。

剛開始跟小虎交往的時候，曾聽他說過，為了練習讓自己面對人群也能自在，花了很多年的時間投入各式各樣的社團活動，又花了幾年才從這些活動當中抽身。我很疑惑，為什麼抽身也需要花很多時間，不是只要即刻停止就可以了嗎？

他說，從學生時代到出社會，朋友圈已經變化了好幾輪，因為身邊的人來來去，就會擔心自己是不是有一天會變得沒朋友。只是沒想到，這樣的恐懼反而讓他對於社交活動有了上癮一樣的渴求，使他浪費太多時間在社交上，導致工作與生活產生了巨大的不平衡。所以，最後像是戒掉某種壞習慣一樣，得慢慢戒掉這種癮。

還是個學生的我就很好奇，整天在陌生人群裡穿梭、交談，這麼多的感官轟炸，難道你不會累嗎？他說，等妳經歷到的時候就會知道了。

沒想到多年後，我們一起創業的緣故，開始有比較多的聚會活動或是產業交流，我也終於開始體會到社交時的感官轟炸是怎麼一回事了：要如何得體地說話就足夠我傷腦筋了，更何況還要接收很多人的聲音，這讓我一開始有點適應不過來。

不幸的是，我和小虎的感官構造大概完全不一樣，他可以透過讓自己變遲鈍的方式來節約能源，所以在人群中如魚得水，讓我覺得他好像一隻烏龜呀！而我的感官卻很敏感，只要稍大的音量就會嚇到我，一點味道就會引起我的注意，所以在人群裡面會很容易緊張，深怕在人群中迷失自我。幾次經驗之後，對於要參加比較大型的社交活動，我總是需要做比較多的心理準備。

有一次我收到好友張希慈的生日派對邀約，一開始的心情是既期待又怕受傷害，一方面覺得很榮幸能收到邀請，另一方面則是害怕：「天啊，要去一個完全陌生的派對認識新朋友，好緊張喔，我要說些什麼才好啊！」後來，當我得知另一位朋友小羊也會出席後，立刻傳訊息給他打聲招呼，結果他告訴我：「明天竟然會有五十個人參加派對，我好緊張啊！」原以為小羊是個熱情外向的人，沒想到他也和我一樣，在參加社群活動之前，內心總是會上演千百次小劇場，也因為這樣，我們在訊息中約好，到派對現場時要坐在一塊，窩著取暖！

活動當天報到後，我立刻掃視全場，確認小羊是否已經到場了，後來陸續在派對裡尋獲幾位好友，就先決定當個跟屁蟲，先坐在他們身邊，一起認識新朋友，像是為自己打一劑強心針。後來的活動過程，我顯得自在許多，因為有了共同朋友的介紹，開始和新朋友開啟更多對話，當我不知道第一句話要問些什麼時，就先從受邀參加派對的共同點談起，問問對方：「咦，你和希慈是怎麼認識的呀？」「你也是在教育相關領域服務的啊？」這場無需透過遞名片串起人們之間連結的派對，讓我感到舒服溫暖。

那天回家路上心裡感到很踏實，暗自為自己一到派對就找到同溫層朋友的行為鼓鼓掌。只是整個晚上的資訊量過載，讓身體有種說不出的疲倦，曾聽過有人說：「社交一分鐘，要回家充電一小時。」我想自己可能也屬於這類型的人。

共感人的處世之道

這邊想跟大家分享一本書，是醫學博士茱迪斯．歐洛芙的著作《共感人完全自救手冊》，它幫助我更了解自己的狀態、學習和身體的感覺相處，書中提到世界上有一類人叫做**「共感人」**，這類型的人們比起大眾，更能進一步感同身受他人的感覺，會受別人的狀態而產生情緒波動、能量起伏。但是，同時他們也比較難釐清，以及不易劃清別人和自己的情緒界限，所以往往讓自己的感官超載而過度消耗精神與心力。簡單來說，共感人可能在生活中常聽見周遭的人告訴他：「欸，你太敏感了啦！」「哇，你的觀察好細膩，怎麼看出來我今天心情不好……」會有這些狀況發生，是因為共感人很容易接收到他人的情緒波動。

然而共感人也很可能在感受到這些情緒資訊之後，投入更多自己的專注力在上面，有時候會搞不清楚當下的感覺，是他人的感受還是自己的感受，也就是說，沉浸在人群中對共感人來說，可能不是一件好事，因為人多的地方，情緒的資訊也會相對更龐大，很容易造成他們的混亂和疲累。

總而言之，因為知道自己有著滿明顯的共感人傾向，所以回到家之後，我就立刻到浴室洗了一個痛快的熱水澡，讓水幫助我洗去疲憊，在陪孩子說睡前故事之前，給自己一個轉換心情的空檔。洗完澡之後，透過陪孩子一起說故事的情境轉換，也讓我有了抽離的空間，從一個需要比較多能量與人交流的場所，轉移到要專注在跟孩子的相處上。

最後，等孩子睡著，我會開啟手機的勿擾模式，一個人追劇、做睡前瑜伽，把過多的感官關起來，只做單向輸入或輸出，不再進行雙向交流，像是和人說話或者打字傳訊息。這個獨處的過程，會讓我覺得很舒服，有時候甚至會因為在看劇的時候，跟劇情產生共鳴，讓自己在當下可以沉浸在一個很純粹的情境裡，在那個時刻，感受完全回到自己身上了呢！

社交活動讓我又愛又怕，愛的是讓我的人生變得開闊，也變得充實，怕的是面對人群的疲勞感，依然還沒能完全習慣，但是很感謝有這些感官的刺激，讓我漸漸學會照顧自己的感受，對自己有更多的認識。

11

慧玲說……

練習離開能量吸血鬼的朋友

不用委屈自己成為別人喜歡的樣子，
而是成為你真正喜歡的人。

二〇二二年教師節，我和小虎一起參加了Hahow線上教學平臺的老師小聚，那晚的主題和Z世代的學習方式有關。Z世代指的是在一九九四年到二〇〇四年出生的孩子（資料源自維基百科），也有人說這個世代的小孩，是被3C餵養長大的一代，也因為科技使用習慣的改變，讓人們的交友圈變得比以往更廣泛。

在這場分享中，Hahow的夥伴分享他們內部的調查，提到Z世代的孩子們最想學習的三件事情分別是：職場禮儀、人際關係、感情。然而這些都是學校沒有教的事情：「要怎麼交到知心的好朋友？」「如何面對內心的傷口？」「怎麼交女朋友？」等等。

講到這裡，我們開始狂點頭，對於以前學校為什麼都沒有教怎麼交朋友感到可惜。後來，當我們又聊到這件事情時，卻認為**要怎麼跟某些關係說再見，比如何認識新朋友來得更難**。

不知道你有沒有過這樣的感覺：「長大後的朋友越來越少，以前覺得真心的，現在也漸漸離去，真正的朋友到底是怎麼樣的呢？」

某次友人M和我提起，她突然跟認識二十幾年的朋友斷了連繫，兩人從無話不談到冷漠不語，讓她心裡很難受。一開始是因為不知道該如何安慰朋友度過家人生病的狀況，所以說出：「沒事的，一切都會好起來的！」卻被朋友誤會是冷血無情：「我們擁有二十幾年交情，妳怎麼能和其他看好戲的人說出一樣的話呢？」後來，朋友的家人病逝，M再也沒收到朋友回覆的訊息，這段二十幾年的友情就這樣消逝了。

M接著說：「我男朋友聽到後，問我是不是也有一點享受呢？享受這種被需要的感覺？」男友覺得她在這段關係中向來比較卑微，會成全朋友的喜好、包容朋友的任性，但長久下來這段關係看起來卻不那麼平衡，似乎為了得到某個人全心全意的關注，而失去了真實的自己，這讓我想起《心情之書》的作者蘿倫·馬汀在書裡寫道：「對許多女性來說，這些情感連結一旦中斷，她們不只是失去一段關係，更像是失去全部的自我。」

M問了我的想法，我說：「在某個時候我們可能需要彼此，或是覺得對方可愛，所以聚在一起，但在階段性任務完成後，我們就會分開，帶著祝福讓彼此成為自己想要的樣子。」緣分是件奇妙的事，有人會一見如故、一拍即合，但有些人是無論付出多少，再怎麼努力奉獻，也沒辦法建立起親密的關係，有的時候，友情跟愛情某些程度上是很相似的，強求來的果子不甜，我們要學習的，是**怎麼和這些不適合的朋友說再見**。

以前還搞不懂交友是出自於愛，還是因為恐懼被討厭的時候，會反過來責備沒有回應別人對我們好的自己就是壞人，因為這樣的念頭，讓我們感到焦慮時，好像得做點什麼，才能度過這段焦慮感，也能保留住朋友對自己的重視。每個人在自我價值感低落的時候，都可能會有不一樣的行為特徵，有些人會把自己放得很卑微，但有些人卻容易用否定、責備的強勢態度來對待他人。雖然禮尚往來很好，但如果是出於恐懼，就會變成一種習慣，漸漸地成為消耗自己能量的惡性循環，這樣的過程既無法為自己充電，也不會讓這份友情變得健康。

我自己也曾經在友情上受了傷，那種感覺就像是被分手一樣，導致在日後交友時，會不自覺把朋友分類，突然踩煞車而不敢和對方更親近，或是會問小虎：「他是真的對我好嗎？會不會像之前的某某某一樣，把我利用完就又丟掉了？」後來每當我在友情裡感到不對勁的時候，通常會這樣問問自己：

在某段關係裡，有沒有發現一直在付出，或者討好對方？

如果沒有回應別人對我的好，我會失去什麼嗎？

現在感覺到的幸福比較多，還是辛苦比較多呢？

是不是常常都在觀察這位朋友的臉色，看看對方現在是開心、難過，還是有點生氣，然後再去和對方互動？

除了這些，也可以拿起紙筆，做這些練習：

為朋友的層次做分界，寫出你的點頭之交，還有可以分享祕密的摯友。

辨別朋友的分類，把你的人際同心圓畫出來。

寫下十個你目前想像到重要朋友。

莎拉．奈特在《管他去死是人生最大的自由：活出理想人生的身心靈清理法則》這本書寫了一句我很喜歡的金句：**「這件事情帶給我更多的是心動，還是心煩？」**至今為止，當我面對新的工作任務，或者朋友邀約等等無法即刻做決定的事情時，我都會這樣問問自己，經過多次練習後，慢慢地能和惱人的人事物保持安全距離，面對他人亂糟糟的情緒時，更可以畫出界線，讓自己學會不委屈的智慧。

除此之外，也要多**「肯定自己」**，而非常常覺得自己不值得，認為自己比別人沒有價值——「像我這種人，才不會有人要！」「像我這種人，不可能做得到！」覺得自己的價值比別人低下，就會不敢展現原本的自己，擔心從別人那裡得到更低的評價，**不用委屈自己成為別人喜歡的樣子，而是成為你真正喜歡的人**，相信有一天會吸引到也喜歡你的人們。

當你變得比較願意肯定自己之後，接著要練習的是在生活中盡量以**「想要」**來取代**「應該」**，因為當我們一直在注意他人的臉色，腦海中就會有「我應該要這樣那樣」的念頭，害怕別人感受不好，是屬於逃避恐懼，而不是真正出於追求自己願望的行動，**請把自己的「想要」變成生命的重心，讓自己成為生命的主角**。

CHAPTER

3

讓關係自在的對話方式

1

小虎說……

安慰朋友時，你還在說加油嗎？

最好的安慰不是你做了多少事情，
而是你陪伴在他身旁的那顆心。

有一次很榮幸地，受邀到「單程旅行社」Youtube頻道，和社長小冬瓜一起對談，那天我們聊的主題是「如何安慰痛失至親或摯愛的人」。那時候為了準備這場訪談，我整個人很緊張，因為小冬瓜身為禮儀社的社長，時常接觸喪親家屬，談論起這個議題比我更專業，擔心自己在關公面前耍大刀，不過他還是希望我用同理心溝通的角度，來跟觀眾朋友分享好的溝通觀念。

在準備的過程中，我回想起自己年輕時不知道該怎麼安慰他人，反而讓別人感到被冒犯，或是很有壓力的經驗，像是我曾經以為「你應該要好好照顧自己啊！不要讓我擔心嘛！」這樣的話能安慰到朋友，又或是為了幫助別人能夠轉念，對他說：「其實你不用這樣想啊！我們往正面來想。」當時聽到我這麼說的朋友，不僅情緒沒有得到一個出口，反而還感受到壓力，覺得有負面情緒好像是一件很糟糕的事。我想他們大概都不太想再找我訴苦了吧！於是我就在想，為什麼安慰別人這件事這麼不容易呢？經過一連串的觀察，我歸納了幾個生活中常見的「糟糕安慰方式」，如果這樣安慰他人，可能會NG唷！

試探

想了解對方好不好，卻又擔心太直接地問會讓對方受傷，所以小心翼翼地用婉轉的話語旁敲側擊，但這樣反而會讓對方覺得被試探，於是對這段對話感到沒耐心，想盡快結束談話。

突然轉移話題

有些人很怕負面情緒，更怕不知道怎麼應對他人的負面情緒，所以當別人將情緒表現出來的時候，會不知道該怎麼辦才好，所以用轉移話題的方式來避免這樣的狀況。但別人正在對你掏心掏肺，你卻忽然轉移話題，會很讓人受傷耶！

所以，對方在表達感受時，如果你不知如何應對，其實也可以讓對方知道你不知道怎麼回應。你可以說：「天啊，這件事情衝擊好大，我聽完還真不知道該跟你說什麼才好……」對方自然會告訴你，他在這件事裡頭還有什麼其他的感覺和想法。

不以為然

每個人的情緒都是有原因的，即使對方遭遇的狀況對你來說是件小事，但對方產生比較強烈的情緒時，你卻覺得很困惑，也就代表這件事情背後擁有你不知道的原因。

所以，就算對方遇到的困難對你來說並不嚴重，也不要對別人的感受表示：「你太小題大作了。」「有那麼嚴重嗎？」「不要太難過啦！」等否定他人情緒的感受，因為這就意味著否定了對方的價值觀，對彼此的關係是很傷的喔！（尤其在家庭關係，如果對情緒的回應方式總是這樣，那這個家就會讓人很不想回去呢！）

急著正面解讀

有些人認為是他人會有負面情緒，是因為對於發生的事情有負面的解讀，所以為了讓別人能盡快轉念，會希望給予更好的解讀方式，幫助對方去消化掉負面情緒。但這樣做，一樣會讓對方以為你對他的遭遇感到不以為然，因此覺得自己的感受被否定，或是覺得自己的難過在你眼中是愚笨的，而感到不被尊重。

想要帶對方迎向陽光，先確定對方情緒好多了再說吧！

比慘

有些人在聽到別人分享不好的遭遇或感受時，會急著分享自己的故事，認為自己的經歷更慘，說出來會讓別人覺得自己不那麼慘。

但事實上，分享自己更糟糕的遭遇，並不會讓對方感受更好，甚至會讓人覺得很不禮貌，因為在那個當下，原本在自己身上的話語權被打斷、搶走了。

在別人講故事的時候，不僅要避免講自己故事，也千萬不要拿別人更糟糕的遭遇來講，這樣更白目啊！專注在對方的故事和感受裡，讓對方的情緒有出口，你只需要**安靜傾聽**就足夠了。

要怎麼表達「我懂你」的同理心？

歸納出這幾個常見的「糟糕安慰方式」之後，我發現，原來不懂得怎麼安慰別人，跟「是否擁有足夠的技巧」並沒有太絕對的關係。人之所以不太會安慰他人，原因是在心態上，與他人之間的界線拿捏不好才導致的。也就是說，我們難免會不小心將他人的情緒當成是自己的責任，認為應該讓對方從情緒裡走出來，才是一個關係良好的表現。

在準備與小冬瓜的訪談期間，剛好也在講課時被學生問到：「安慰朋友的時候，要怎麼用聲音表達自己的同理心呢？」如果我們能夠只透過一兩句話，或是聲音的技巧，就讓對方的情緒平復，那該有多好？可惜現實沒有那麼單純，同理心還真不是一兩句話就能表達出來的。

「聲音如何表現同理心？」我想這個問題背後的真正困難點，是**不知道怎麼面對他人的痛苦、不知道怎麼跟這些情緒同在**。

面對別人這麼巨大而複雜的情緒，無法展現同理不是能力的問題，也不是你的錯。因為無論你是否體會過失去至親的痛，面對他人的失去和你過去的經驗都是完全不一樣的事件，不能混為一談的。況且，安慰之所以會有反效果，是因為我們總是把專注力放在解決問題或是解決壞情緒上面，但他人的情緒通常不會因為你的幾句話就被解決，而是需要一段沉澱和自我對話——這是他的內在工作，你應該還給他，而不是扛起來。

他人的情緒能否好轉，並不是我們能夠掌控的，同樣的，別人的人生遇到了重大轉折時，你並沒有一定要做出能派上用場的作為才算是朋友，只要讓對方知道，**你一直都在**，就很足夠了。所以，「用什麼聲音來安慰」不是你要優先花心思去考量的事情，而是你真正的目的是什麼，還有打算怎麼告訴朋友你的心意。

也許你可以這樣說：「我看到你現在這樣消沉，心裡很難過，真希望能為你做些什麼，或是陪著你一起面對。但我對於你所遭遇的事和現在的感受，不知該如何反應，所以前幾天沒有對你有所表示，我感到很內疚……現在的我若能為你做些什麼，希望你可以告訴我喔！」**當你發自內心地表達，對方就會接收到這些話語背後的心意，聲音自然就會是合適的了。**

安慰他人時要建立的三個心態

比起處理哀傷、遠離傷心，也許我們更該做的是認識哀傷、陪伴彼此。所以，做為聆聽者，要做的也只有將專注力放在對方身上，讓他感到「被聆聽、被理解」。你會發現，所有人都有能力用自己的力量重新站起來，做為聆聽的角色，不過就是透過陪伴，給予一點外界的力量罷了。

如果你想透過安慰他人，讓自己成為別人的力量，可以參考這三個重要的心態：

尊重對方不越線

安慰只是表達情感上的陪伴，讓對方感受到支持，從連結中得到一點力量。至於對方要怎麼回應你，或是他的情緒往哪裡轉，都由對方自己決定，因為這是他的權利。這條線在我們心裡，要非常清楚才行喔！

如果對方願意向你傾訴，打開心胸接納就好，但如果對方不願意開口說出感受，也要尊重他的決定。

釐清自己說話的目的

我們心裡的狀態也會影響聲音的呈現，所以在開口前要釐清自己說話的目的：**安慰是為了陪伴對方，而不是為了滿足自己**。明白溝通的目的後，才不會因為一時的情緒，而不小心越過了彼此的界線，說出讓人感到刺耳的話。

做好聆聽與陪伴的姿態

聆聽與陪伴最好的姿態是：身體微微向前，胸口微縮，會有一點駝背的感覺。

挺胸的姿態是飽滿的，適合展現自信和威嚴，但是在聆聽、陪伴的情境下，就不是很合適，你可以試著把胸口裡的氣吐掉，像是把心暫時倒空，此時會展現出一種正在感受他人的狀態，把心裡的空間清出來容納對方的感覺。

我認為，「安慰」背後的動機就是**表達情感上的陪伴和支持**，但是有時候我們會因為「是不是得說些什麼讓對方感覺好一點」而產生焦慮，將目標定位成「要讓對方心情變好」，所以反而忽略了對方的情緒自主權，導致感受不好呢！

不要忘了，**我們所有人都有能力從悲傷中重新站起來**。

如果你希望讓對方說出感受

雖然我們一直說要尊重他人的情緒自主權，但偶爾也還是會遇到一些習慣自己處理情緒、總是報喜不報憂的人，但一個人有時候也很難將自己所有情緒都轉化成正面的動力。

人類是很難不依靠別人的。如果你的朋友或家人卡在某種情緒裡，混亂糾結，沒能找到出口，但同時又很堅持自己消化的時候，整個人失常的時間可能會比想像中還來得長。

如果對方的暴躁、精神不集中等狀況嚴重影響到你的生活，那來點深入的溝通，稍微參與對方的轉化過程，加速進展，也許對彼此都好。

不過，想要進行深入的溝通，會需要**「明確地邀請」**，同時也要確定「對方接受這個邀請」，才有辦法進入到一個安全的對話空間中進行深入的對談喔！

想要邀請對方說出感受，你可以參考以下兩種路徑：

直球對決：把你的發現誠實地說出來，希望他能和你聊聊天

直接不代表粗暴，如果你希望緩和地融化對方的防衛，措辭仍是很重要的喔！

你可以這麼說：「小虎，我注意到你最近有點失常，專注力常常會忽然飄走，我知道你在努力壓抑，但總覺得那不是一個長久的作法，你願意跟我好好坐下來，整理你的心情嗎？」

要化解他人的防衛，需要用很多心思，這邊我也分享一些我會注意的幾個原則：

一、表達善意，引導對方打開心扉傾訴。

二、共情對方，基於對方的感受和需求提供幫助。

三、不要講道理，如果你想提供對方建議，要在對方的防衛心響警報前停止。

四、適時的身體接觸，是能夠讓對方放下武裝的。

誘發共鳴：透過自己需要談心的方式，讓對方產生共鳴

曾經，有個朋友說他需要找人聊聊，請我陪他。結果，對方講著講著，我卻聯想到那陣子自己的狀態也很不好，所以我在那時忽然就敞開來談，然後針對我的失常行為跟他道歉。

事後他才告訴我，他知道我狀態不好，同時也了解我就是一個喜歡自己吞下感受的人，怕他說得太直接會傷到我的自尊，所以用「分享自己的感受」來引發我的共鳴，讓我也自願說出當時的糾結，讓對方一同分擔。

誘發共鳴這種方式比直球對決還要很溫和很多，但也要注意你的溝通對象是否喜歡喔！

最後要注意的是，如果你們的關係沒有很親密，在別人經歷重大的變故，情緒很混亂時，主動引導他人的情緒是有風險的，可能會讓你們關係變差或是情緒化更嚴重，所以建議是鼓勵對方接受諮詢，讓專家來處理比較好喔！

要記得，**最好的安慰不是你做了多少事情，而是你陪伴在他身旁的那顆心。**

2

小虎說……

你能分辨心中的大聲音和小聲音嗎？

只要願意去看一眼大聲音的存在，
會發現放下小聲音會變得容易很多。

我們Podcast節目的聽眾很好奇，常常在留言區問我們夫妻會不會吵架？那吵架之後都是誰先道歉？

在社群上經營形象，不太會把負面感受表達出來，大家都會看到比較甜蜜、正向的一面，不過真實生活中，夫妻難免都會有意見不合、習慣不同的摩擦，我想，「吵架」對許多夫妻來說都是家常便飯吧！

讓我感到很慶幸的是，我跟慧玲總是能很快和好，所以展現甜蜜的一面時，也就不會有什麼彆扭。如果說，吵架與和好，這其中有什麼祕訣的話，我認為這跟我們各自的內在對話有很大的關係。

我有一個**「大聲音、小聲音」**的理論，這對我來說，在處理情緒上很有幫助，所以分享給大家。

什麼是大聲音、小聲音呢？「大聲音」指的是**我嚮往的目標，當我起心動念的時候，心中所想到的畫面或者感受**，而「小聲音」則是**每個當下的情緒，在我腦海裡對我說的話**。大聲音出現的時候，會讓我們產生很強的動能，而小聲音出現的時候，會讓我們有很多判斷。

舉例來說，當我們喜歡上一個人的時候，腦海中浮現了與那個人相處的畫面、聲音和感受，這些想像會在我們心裡產生一股衝動，讓你想要表白、想要擁抱，但是實際交往之後，生活中的許多小事都會在心中產生小聲音，例如，當對方做出體貼的行為，我們心裡可能會想：「哇，好體貼，這就是我為什麼那麼愛他！」

不過，小聲音除了正面的判斷之外，也會有負面的判斷。對方的生活習慣跟你不一樣，可能會導致你對他的某些行為看不下去，例如桌子濕了，你想拿抹布來處理，但對方卻抽了一大堆衛生紙去擦，這時你心裡可能會想：「這人怎麼這麼浪費啊！」心裡的小聲音會影響我們的情緒，所以如果放不下那個小聲音，情緒就會一直在。

早上看到對方抽了一大堆衛生紙，明明事情過了就該放下，而你不知道為什麼，直到傍晚都還一直想著這件事，所以一整天看對方都有點不順眼，於是，在晚餐時間，當他又伸手去抽衛生紙的時候，你忍耐已久的憤怒就爆發了！「你不會直接去洗手喔？幹嘛抽那麼多衛生紙啊？」這句話一出來，對方可能會嚇到，完全沒有料到你會有這樣的反應。

其實為了維護彼此的關係，你從早上就一直在壓抑這些小聲音，試著減少它對你的影響，但越是壓抑，反彈就越大。所以你大概也會被自己的反應嚇到，沒想到小聲音的威力可以如此驚人吧？

既然壓抑沒有用，難道就放任小聲音讓我們暢所欲言嗎？沒有經過整理就直接說出來的感受，恐怕會造成不舒服吧？所以我認為，這就是需要呼喚「大聲音」出來的時候了。

大聲音往往都是在怦然心動的瞬間產生的，雖然能量很強，但是它在感動完之後，會變成一種像背景音樂般的存在，一直都在，卻被生活其他瑣事給埋沒，讓你注意不到它。不過，**只要你願意去看一眼大聲音的存在，去聽聽它說些什麼，會發現放下小聲音會變得容易很多。**

當你想起為什麼會這麼愛一個人，這麼想要跟他在一起，所有小事情就變得微不足道：「雖然他很浪費衛生紙，但這不會改變我喜歡他的體貼、認真做事時散發的魅力。」我想這也是為什麼以前人們常說，如果你對這段關係感到厭煩，覺得關係來到瓶頸的時候，就去想想對方優點的原因吧！

在我們結婚的時候，岳父的好友們在酒席上對我說：「小虎啊，你知道維護婚姻的祕訣是什麼嗎？很簡單，吵架的時候，先道歉就對了！」這句話聽起來很簡單，但人在有情緒的時候，難免會執著於當下的想法，即使自己也有錯，也不會想道歉，而是期待對方先道歉。

在這種溝通卡關的時候，我都會問問自己：「我是在回應我的大聲音，還是小聲音呢？」想起了大聲音的存在，我就可以輕輕地把當下的執著、尊嚴先放下，然後說聲對不起，並伸手去擁抱對方。

回應內心的負面小聲音，會使我們開始檢討對方的行為，審視各種對方的缺點；回應心中的大聲音，則會讓我們想起該如何去愛。

大聲音與小聲音的實例

再分享朋友阿中的例子，請試著練習感受看看，阿中的大聲音和小聲音。

阿中的太太小藍，有一天出門前跟他說：「我今天晚上跟朋友聚餐，會晚點回來，大概晚上十點喔。」阿中聽了之後說：「好，知道了。」

阿中對小藍要去聚餐這件事的看法很正面，難得跟朋友吃個飯挺好的，小藍如果因此有好心情就更棒了，阿中想到「Happy wife, happy life.」這句話，嘴角就不自覺地上揚。

他希望小藍可以玩得開心，這是他心中的「大聲音」。

不過到了晚上十點，小藍還沒回家，這時候阿中就開始在意起時間了。等著等著，十點半了，小藍還是沒消息，阿中心裡有點不安，到了預定回家的時間還沒回來，其實不算什麼，畢竟聚餐很開心，就會想要待久一點嘛！但是，跟原先時間差太多的時候，難免就有些可怕的想像，會不會遇到什麼意外？

為了讓自己不要那麼不安，阿中打了好幾次電話，想確認小藍的安危，結果電話竟然進了語音信箱。心裡的焦急感受，讓他沒辦法保持冷靜，結果就在這時，小藍回家了，時間已經是晚上十一點。

阿中心裡的大石頭好不容易放下，但還沒來得及整理好心情，看到小藍玩得很開心、滿足的樣子，心裡忽然感覺很不平衡，一股怒氣從肚子裡衝上了喉嚨。小藍本來想要為自己太晚回來道歉，還沒來得及說出口，阿中就先開口了：「很開心嘛！妳看一下時間，現在幾點了？不是說好十點回來嗎？電話又打不通，妳這人怎麼這麼不檢點啊？」

這些話讓小藍非常受傷，於是小藍也反擊了：「什麼不檢點？你講話一定要這麼難聽嗎？我只是手機忘記充電而已！而且也不想想你每次跟朋友聚餐，有多少次晚回家有記得先跟我說一聲的？一隻手都數不完啦！明明就是我等你比較多次，你還好意思跟我大小聲？」

好啦，故事到這邊先暫停一下，不知道你對於阿中心裡的小聲音，是否也有共鳴呢？為什麼明明一開始希望對方玩得開心，最後卻對對方的開心感到生氣？這就是當我們被小聲音淹沒的時候，會發生的一種結果。因為擔心對方的安危，心亂了，就忘了自己一開始的想法，雖然吵到後來，阿中終於想起來，原來自己一開始只是希望小藍玩得很開心，但是傷害已經造成，也只能花更多時間去修復彼此的關係。

你能分辨心中的大聲音和小聲音嗎？在情緒來的時候，總是回應你的是大聲音，還是小聲音呢？希望這個分享能幫助你多靠近自己的初心，總是能回到愛裡面。

3

小虎說……

為自己內建一個「真心話翻譯機」

說氣話是離自己的心很遠的說話方式。

生氣的時候難免會說一些氣話，像是：「好啊，出去就不要回來！」在說這句話的時候，其實心裡是希望對方留下來好好談的，可是一氣之下，就把對方推出去了。或是：「不要就不要，我一點都不稀罕！」說出這句話的當下，明明自己對那件事在意得要命，嘴巴卻說不稀罕，一副無所謂的樣子，還真是不誠實。

所以說，說氣話真的是離自己的心很遠的說話方式呢！

幸好，我們已經學過了「大聲音、小聲音」的觀念，比較能跟自己的情緒相處，說氣話的機會也隨之降低，懂得在爭吵變得更激烈之前及時停損。

不過，雖然可以自行決定說不說氣話，但別人怎麼回應自己的情緒、會不會說氣話，卻是我們無法掌控的事。當聽到別人在對我們發脾氣時，如果沒有及時的防備，那些尖銳的語言往往會扎到心裡去，就好像看恐怖片一樣，在毫無防備的狀況下，總是會被嚇個半死，甚至還會在晚上做惡夢。

我們該怎麼面對別人說的氣話呢？當別人說氣話的時候，該如何保護自己的心，不因他人的氣話而受傷呢？

首先，提前展開防護是很重要的，如果你看的恐怖片越多，就越能夠敏銳地察覺危機的徵兆，像恐怖片慣用的拉遠、拉近的嚇人鏡頭、背景音樂的變化，或是可以察覺到恐怖片慣用的劇情走向，就能提前做好心理準備，等到驚嚇橋段出現時，很能大大地減少被驚嚇的效果了！

面對他人的激烈情緒也是一樣，如果可以在對方的氣話說出口之前，提早告訴自己：「啊，接下來對方說的可能是氣話，別往心裡去！」那這時候對方說出口的話就不太會影響到自己了。

接著，辨認出對方氣話中想要表達的訊息也很重要，也就是說，我們可以自行翻譯那些氣話，過濾掉太濃厚的情緒，留下情緒的意義就好。

有一次，我在公園裡的兒童遊戲區，見到一個看起來不到五歲的小朋友，追趕在他哥哥身後，一邊哭還一邊拿東西丟他，最後對他大喊：「我最討厭你了！」這對兄弟之間發生什麼事了？我試著觀察一下，大概理出了幾個頭緒。

小朋友的哥哥玩得很開心，也跟其他同年齡的孩子們有很多互動，這讓弟弟感覺被冷落了。我想，身為哥哥，平常陪著弟弟玩的時候，會把自己的程度降低，讓弟弟可以理解哥哥在說什麼，但是難得自己可以跟同年齡的朋友玩在一起，可以比較放開地表現自己，所以哥哥大概也希望能夠好好享受這種自由自在吧！

原來，對哥哥來說，他的快樂來自於和這世界的連結，對弟弟來說，他的快樂卻是來自與哥哥連結，這就是兩人期待不同所產生的隔閡。

因為弟弟還那麼小，在他的心目中，哥哥是他的全世界。所以當弟弟怒吼：

「我最討厭你了！」的時候，我想，用大人的理解方式來翻譯這個情緒，大概是：「我那麼在乎你，我也希望你在乎我啦！拜託你也帶我一起玩嘛！」這樣一想，我就發現其實不只是小孩，成人在說氣話的時候，也可以這樣翻譯耶！

當你跟朋友吵架了，你講了很多道理，結果朋友卻用挑釁的語氣說：「好好好，都是我的錯，我跟你道歉，對～不～起～好不好？滿意了嗎？」雖然你聽了也會很生氣，想要怒嗆回去，不過這句氣話可能想表達的是：「我那麼在乎你的感受，也尊重你剛才說的道理，可是我希望你也能試著懂我的感覺！」如果聽到的是這句話，我相信你應該也不會被對方的氣話激怒，而是回應對方的心。

或者，你對主管表示自己總是承擔比較多工作，某些同事都不用做這些，你覺得不公平，而主管忽然很激動地回應：「什麼不公平？如果你要這樣想，那以後我就不找你幫忙，不用麻煩你啦！」可能讓你很想把離職信丟在主管臉上，不過這句氣話也許可以這樣翻譯：「我總是在為大家承擔從上級來的壓力，也已經處處為你著想了，拜託你也理解我、信任我一下嘛！」如果我們聽見的是主管脆弱柔軟的一面，大概也會比較容易升起一些同理心，對彼此的處境有更深一層的認識吧！

「我都那麼○○○了，拜託你也○○○嘛！」

在我試著把過去聽過的許多氣話拿來做翻譯之後，我發現翻出來的內容都大同小異：**「我都那麼○○○了，拜託你也○○○嘛！」**

原來，我們之所以會說氣話，往往是因為無助感，因為自己的某種需求一直傳達不出去，所以才用了最糟糕的方式來做為最後的掙扎。只可惜，很少有人能在內在如此混亂的時候，理性地整理出自己的內在需要，用對方能接受的方式表達出來，這種情緒管理的能力，還有聽見自己大聲音、小聲音的內在對話是需要大量練習的。

說到這裡，我忍不住想像，如果我們每個人手裡都有一臺「真心話翻譯機」，在感應到有人生氣的時候，可以自動把那個人的真心話表達出來，我想這大概可以大大降低吵架的機率了吧！

雖然這種機器大概百年內，以人類的科技是發明不出來的，但我們仍然能夠培養溝通的智慧，讓關係能夠更健康。所以，希望藉由「真心話翻譯機」這樣一個物品的想像，讓你在聽見他人帶著刺的言語時，想起這臺只存在於心裡的機器，然後把對方的話語放到機器裡過濾、除臭一下，再放進心裡。如此一來，當我們不去回應對方的暴力，而是回應對方情緒的原因，就能化危機為轉機，把衝突變成拉近關係的契機呢！

4

小虎說……

怎麼與強勢的同事溝通？

了解一個人的盲點，有助於避開溝通的地雷。

某一次進行演講時，聽眾舉手發問：「如果我很容易受溝通對象的情緒影響，可以怎麼做？像是我的同事講話很急又強勢，每次我有想法跟他討論，我講一句對方就講十句，因為溝通沒什麼效果，所以後來我總是把自己的想法吞下去……」我發現其他聽眾似乎也對這樣的事情很有共鳴，總是容易被個性強勢的人影響，明明有話想要說，但常被牽著鼻子走，最後卻無法好好表達自己的意見，不知如何是好。

在談如何讓對方接受自己的意見之前，我們要先學會不受影響，穩住自己的情緒，減少在溝通中產生的壓抑和委屈，才有機會更進一步找到合適的策略來對對方產生影響。

我們的心之所以會受到影響，主要的原因有幾個：

目標不明確

目標的意思是，我在這場對話中**「想要達成的結果」**，而不是我在這場對話中**「想要說什麼話」**。我們在溝通過程中，因為一來一往的互動，會因應現況去改變對話的內容：我本來想要說A，但因為對方提出了一個條件，剛好限制了A的可行性，所以我改說B。

如果我們的目標不明確，就容易因為對方的主導性比較強，誤把對方的目標當成自己的目標，最後就會覺得好像原先的意見不說出口也沒關係，但之後又覺得沒說出來好像怪怪的，這就是彼此目標不一致的一種徵兆。

開口說話之前，請務必**把自己的目的想清楚**，當彼此的目標不一致的時候，將兩者放在天平上秤秤看，哪一邊在心中更有分量，不僅能幫助你更懂得堅持自己的想法，而且就算你被對方說服，也不會覺得心裡不對勁。

無法自我肯定

有些人可能會在聽到別人提出不同的意見時選擇退縮，覺得自己提出來的意見不值得被聆聽，或者自己是沒有資格提出意見的人。

當一個人的自我肯定感不足，就容易把別人的權益放在自己的前面，優先去滿足別人，最後才想到自己。

我們總是容易用「有條件」的方式來肯定他人，例如覺得某人對多數人有貢獻，所以他值得尊敬、他某方面能力很強，所以值得尊敬……所以反過來，也容易用有條件的角度來對自己評價：「因為我能力不夠，所以不能提出意見。」「因為我沒什麼貢獻，所以不應該要求什麼。」

如何更客觀的看待自己呢？**把這些「對自己的評價」全都放到一旁，單純地看待當下的對話情境**。像是：「我們這場對話是要解決什麼問題呢？我們彼此都能被滿足嗎？」去除對人的評價，再來看待問題，就會對自己想提出的意見更有信心喔！

對他人的理解不夠

我認為，我們之所以會對一個人的行為感到吃驚、受挫、無法理解，是因為不了解對方的思考方式，所以對於跟自己行為模式不一樣的人，會覺得對方的行為很沒有邏輯、不合理。

不過相對地，如果我們對於一個人的行為模式有一定的認識，就不容易被對方的「不一樣」嚇到，也不容易因此感到受傷害了。

人類是一種動物，而動物都會依循慣性來生活。換句話說，每個人都會有「慣性」，除了生活模式之外，人的情緒反應大多也都來自過往的習慣，像是對什麼容易產生興趣、想避開什麼狀況，或是人們常說的「地雷」也是來自長期累積起來的習慣。

所以，**越了解人的慣性，就越能看懂他人的情緒反應是如何產生**。當我們更好地理解他人時，就不容易受到他人情緒的影響，能有意識地選擇用何種方式來回應。

通常個性強勢的人，思考的慣性是「重視結果」的，也就是說，他們的行動規則都跟如何掌握結果有關，像是想要立即看到成效，所以讓人覺得很急性子；擔心結果不符合預期，想要立即出手修正，導致讓人以為是看不慣他人的做法。

慣性的優點與盲點

慣性之所以養成，大多是長期為了克服某些狀況，而做出的努力，慢慢累積而成的習慣。所以慣性會為一個人帶來一些個人特質，但也可能帶來一些盲點。

像是重結果的人可能有以下特質：

可以果斷地做出決定。

追求成就感。

勇於挑戰，越挫越勇。

有主見和明確目標。

比他人更有企圖心。

具有高度行動力。

不過，重結果的人也會有這樣的溝通盲點：

在壓力大時，會顯得強勢，給人壓迫感。

有自己的想法，所以比較難說服。

個性比較急，聽他人說話時會容易沒耐心。

當我們了解一個人的特質，我們可以想像如何運用他的優勢來解決問題，同時，了解一個人的盲點，也有助於避開溝通的地雷，知道那些情緒只是對方的習慣，而不是針對人，也就不容易受傷了。

回到文章開頭觀眾的發問，為什麼他的同事會那麼難接受他人的意見呢？很有可能是因為這位同事怕自己的意見被認為是不夠好的，當別人有不同想法的時候，就會感受到威脅、壓力，所以總是搶在前面強調自己的想法比較好。

當我們能理解對方的情緒反應時，就能用比較「俯瞰」的角度來看待事情，不會感到受傷，也就能更理性地進行接下來的溝通了！

現在你知道，一個人個性很急又強勢，總是別人說一句就回十句，是因為他比較沒有安全感，所以只要能維護好對方的安全感，就能讓他比較願意去聆聽。比方說，可以先對對方提出的意見表示認同，之後再表達自己的想法。假設對方提出的行動方案你覺得不夠完善，但出發點很好，你可以先認同對方的出發點，讓對方減少防衛的心理，這樣一來他也會比較願意用開放的態度去聽你說話。

接著，在表達自己意見時，**不要用「但是」來做開頭，改用「而且」**吧！當對方聽到「我非常認同你以客戶利益為優先考量的想法。」的時候，應該會很高興情況往自己預想的更推進了一步，然而這個時候卻聽到「但是，如果可以再×××的話，會更完善喔！」就可能會有一種自己的提案被否定了的感覺。

所以請改成「而且，如果可以再×××的話，會更完善喔！」這樣聽起來，就會比較像是自己的想法被幫忙補充得更好了，而不是被否決。

我認為，要能對他人產生正面的影響力，先決條件就是讓對方感到有安全感，沒有安全感，你面對的就不是一個理性思考的人，而是一個全自動的情緒防衛機制了。

小虎說……

5 害怕衝突，卻製造出更多衝突？

恐懼放大了我們對不好結局的想像。

人們常說：「人以和為貴。」對他人的瑕疵盡可能包容，不產生衝突，讓生活可以一團和氣。可是，這個「和」到底該拿捏到什麼程度，就是最不容易的地方了！

Amy性格很溫和，做事積極認真，也懂得與他人互助合作，所以在公司人見人愛，大家都喜歡跟她一起做事，大家都很看好Amy的前途。後來她如同大家所預期，升職成主管，帶領著新舊夥伴一起做專案，一直以來溫和待人的她，在這時候遇到了第一個衝突。

有一位同事A是行為有些偏差的人，雖然工作能力還不錯，但言談中會讓其他同事感到被瞧不起。不懂得體貼他人就算了，他的脾氣還很差，容易對其他同事發怒。其他成員對同事A的處世風格感到很不滿，希望身為主管的Amy能負起責任，對同事A進行勸導，讓團隊的互動品質能有所改善。

但一直以來，Amy都是秉持以和為貴的相處之道，而且她一路上都遇到好相處的同事，忽然要她針對某人的行為偏差進行勸導，讓她感到不知所措，很怕會說錯什麼話得罪同事A，讓對方不開心。所以Amy每次有機會可以規勸時，都因為擔心自己太直接，會讓場面尷尬，而表達得相當婉轉，然而同事A不僅無法聽懂Amy的弦外之音，甚至還對Amy沒重點的說話方式表現得很不耐煩，這讓Amy更害怕跟同事A直來直往。

其他同事一開始都很同情Amy，覺得她的運氣很差，遇到這種麻煩人物，很消耗心力。可是，隨著日子久了，Amy處理同事A的態度越來越消極，能不去碰就盡量不去碰，甚至當別人找她抱怨的時候，還會勸其他夥伴接納這樣的人：「你就知道他的個性嘛！習慣了就好啦！不要理他啦！」這讓其他夥伴感到很不公平，在私底下討論：「難道只要脾氣不好，就能有特殊待遇嗎？」這些抱怨如滾雪球般越來越大，漸漸地，夥伴們在茶餘飯後對同事A不滿的聲音，轉變成對Amy不滿的聲音。

在你的生活中，是不是也有Amy這樣的人呢？或是，你也跟Amy一樣，因為害怕衝突，所以對那些比較以自我為中心的人一點辦法也沒有，只好不斷退讓？有時候這樣的狀況也會發生在學校或家庭生活的場景，讓那些個性很奇怪、脾氣很差的人、占到便宜，卻還得讓那些忍受他們脾氣的人，無條件配合。

面對這種可能會有的衝突狀況，我們難免會不知所措，想做點什麼都感覺綁手綁腳。事實上，這些「可能」的衝突都沒有發生，只在我們腦袋裡，因為感到不安，所以更害怕迎接結果，這就好像擔心被拒絕所以不敢告白一樣，那些腦海裡對失敗的幻想都不實際，以為被拒絕之後不僅當不成朋友，還會被大家嘲笑……這些都是因為恐懼放大了我們對不好結局的想像。

我從小就很不喜歡跟同學一起搭遊覽車，因為常常遇到坐在旁邊的同學，一坐下就把雙腳打開，用膝蓋侵占到我的舒適空間，甚至還會跟我的膝蓋碰在一起，他的體溫傳過來的感覺讓我覺得非常不舒服。小時候我的應對方式就是忍耐，當旁邊的人習慣腿打開的時候，我就會把自己的雙腿併攏，寧願腿痠，也不想跟別人交流膝蓋的溫度。

有一次長途的車程，坐我旁邊的同學是個嗓門很大又有點凶的人，是我很害怕的類型，所以當他一坐下，雙腿瀟灑地打開時，我下意識就是將雙腿夾起來，確保自己的空間，也避免碰到對方。但是時間久了，會非常難受，眼看路程還不到一半，我的肌肉就已經痠痛到快要受不了，所以最後我鼓起勇氣，跟同學說：「嘿，不好意思，我的腿有點痠，需要伸展一下，你可以把膝蓋收回去一點嗎？」

本來我已經做好被罵或被打的心理準備，結果對方卻很客氣地回答我：「喔喔，不好意思，沒注意到啦！我往那邊靠！」說完，就屁股一挪，膝蓋往我的反方向去，留給我非常大的空間，我才終於把腿部放鬆，可以好好享受旅程了。

後來想起這件事，我發現很多時候不勇敢，是來自於恐懼不安放大了對不良結果的想像，但是當你真的開口請求後，得到的結果卻跟想像差很多。**阻礙你不敢面**

對衝突的第一個難關，就是害怕自己不能承受結果，現在你知道，那些你以為可能發生的結果，其實都是假的了吧？

避免發生衝突的說話原則

也許你還是會擔心，自己可能在開口請求的時候，會因為說話技巧不好，造成不必要的衝突，你可以遵循這些原則：

避免用「你」開頭來說話

這是為了減少指責的感覺，用「你」開頭，像是：「你這樣說話，給人感受很不好！因為……」很容易讓人下意識覺得自己被否定了，而不是自己的行為被否定。可以換成這樣的說法：「我聽說那天你跟某某這樣說話，我想你應該沒有惡意，不過如果是我聽到，感受也會不好，是因為……」

不說「假設」的事情

有時候我們想要說服別人不要怎麼做，會用「假設」的方式來表達，像是：

「如果在○○○的狀況下，那就會得罪人了喔！」如果今天你是對方，會不會覺得：「我明明就沒有笨到會犯那樣的錯誤，為什麼要被這樣說？」而想要反駁呢？如果想要表達，就用已經發生的事情來講。

用「需要」取代「喜歡」

要勸導他人改善言行，就要避免對方的自我防衛，因為行為上不在意與他人建立關係的人，通常不安全感的傾向是「害怕感到自己不夠好」，所以當你說：「我比較喜歡你用那樣的方式說話。」可能會激起對方的反抗意識，外在表現上是不想去應付他人的喜不喜歡，但內心其實是想逃避自己被人討厭的事實。如果要避免對方的防衛機制，你可以這樣說：「為了×××（某種理由），我需要你用那樣的方式來說話。」

如果，你真的遇到了不講理也不聽勸的「惡霸」，不要害怕把職權拿來使用，因為你必須對團隊負起責任，而不是對他個人負責任，如果怕對方反駁你：「為什麼，這沒必要吧？」不妨私底下練習態度堅定地說：「我才是你的主管，應該是你要給我一個沒必要好好說話的理由吧？」

小虎說……

6 正向回應「冷暴力」的五個步驟

認識每個人處理情緒的慣性，
學習順應不同的情緒習慣，
來改變溝通策略。

你知道「冷暴力」嗎？你有遭受過「冷暴力」的對待嗎？

只要跟別人一起共事，難免就會有意見不合，或是個性上造成的偏見，阻礙了彼此的溝通。但是在職場上，有些人會擔心因為表達情緒而顯得自己不專業，或是會害怕讓其他人覺得自己不夠理性，但是又希望能小小報復對方一下，所以刻意對他冷落、忽視、迴避，這樣的態度，就是一種「冷暴力」喔！

Alice與同事Benson感情很差，時常因為意見不合而吵架，她覺得Benson提意見時，總會同時否定別人，很不喜歡他說話的方式；Benson覺得Alice都不好好聆聽他的意見，對他說的話有過多的解釋。總之，兩人對彼此都有很多負面的成見。

在一場會議之後，Alice感覺Benson這次又有點情緒化了，因為Benson刻意對Alice說的話不理睬，也有點迴避與Alice產生交集，Alice從這些行為中感受到一股「冷暴力」。

「嘿，Benson，對於這次的專案，我有些初步的想法，我需要跟你討論一下。」Alice試圖跟對方開啟話題，但Benson緊閉雙唇，把頭撇過去，刻意不回應。

「呃……麻煩你回應我一下，還是說你對這個專案已經有什麼想法，也可以先拿出來，我配合你也是可以的，好嗎？」但Benson依舊不回應，甚至在撇過頭的時候，翻了個白眼，讓Alice很想把手中的文件往他臉上砸。

Alice當然可以不管Benson這種刻意忽視不回應的行為，自己扛起來做。但是，這個專案的責任不是她一個人的，沒有理由讓自己受這種委屈。再說，專案的執行上需要擁有不同能力的人彼此合作才能完成，若無法得到對方的協助，這案子就注定失去該有的品質，達不到預期效果，就差不多等於白做工了。

如果是你，你會怎麼做呢？

冷暴力最難的地方在於你想把話說開，但對方就是不理睬，讓你越說越生氣，對方甚至還會在你不小心說錯話的時候，抓準機會朝你的短處打。

在職場上，不僅要盡到工作的職責，也要好好保護自己。所以，我想分享在面對冷暴力的時候，你可以怎麼應對。

面對冷暴力的處理方式

共同承擔情緒

為了降低對方的戒心，要盡量避免把錯歸到對方身上，學習共同承擔，你可以這樣說：「我知道我們剛才有些衝突，難免會有一些情緒，也許現在我們大概都還沒準備好要跟彼此溝通。」

注意到了嗎？盡量說**「我們」**，像是「**我們**大概都還沒準備好要跟彼此溝通」，而不是「**你**大概還沒準備好跟我溝通」。

表達對事情的積極

在柔性的開場白之後，接著要為你的職責**多展現一點積極性**，不只是讓對方知道，最好也能讓其他人看見，這樣的態度可以保護你在最糟糕的狀況下，依然能夠獲得其他人的認同與支持。

「但是，這件事情是我們一起承擔的，我還是希望能跟你一起將這件事情做好。」

劃分彼此的責任

當對方採取忽視的態度時，你要做的是將彼此的責任做出區分，讓人知道你是很認真看待這件事的。不過，太過冷淡的切割，會讓關係更差喔！你可以這樣說：「只不過，我能做到的只有○○○，沒有你提供○○○方面的協助，這件事就無法完成。」

用「我能做到的只有○○○」來代替「我只負責○○○」，並且以「沒有你提供○○○方面的協助」來取代「○○○是你的責任」。這樣的責任劃分方式，對於產生戒心的人來說，是不是比較容易被聽進去呢？

保留溝通的管道

「因為我知道現在我們都需要一點時間整理一下自己，所以我不會要求你立刻回應我。不過，如果你覺得已經準備好了，可以丟個貼圖給我，或是敲敲我的門，我會隨時準備好跟你一起工作。」

離開現場

「那我就先說到這邊，晚點見。」說完之後，慢慢地離開。不需要等對方回應，因為對方非常有可能不會回應你，甚至看都不看你。

要注意的是，動作要慢，因為需要多花一點時間確認對方當下有沒有話想說，這是表現對對方的尊重。

另外，不要覺得離開很不負責任，因為在前面的步驟裡，你已經將責任感表現出來了。更重要的是，你離開現場，也會讓對方獲得能夠冷靜的空間。

以上就是面對「冷暴力」時，我們展現正面態度應對的方法，希望能讓你在保護自己的同時，也可以展現對工作的抱負。

不過也希望你想想看，對方採取冷暴力，是不是也跟自己忽略了對方的情緒有關呢？會想要用忽視的行為來表達對於被忽視的抗議是人之常情，也許也可以從這樣的事件當中，**認識每個人處理情緒的慣性**，**學習順應不同的情緒習慣**，**來改變溝通策略**。這樣一來，除了減少在職場上的溝通衝突之外，未來若成為管理職，也能小心地避掉地雷，並且充分利用每個人的情緒動力，讓他人更願意為你做事喔！

小虎說……

7 再見好好先生、好好小姐，取回人生主導權

找回人生的主導權，
讓你離自己的心更靠近一些。

剛開始認識慧玲的時候，我覺得她很容易在「他人的需要」中迷失自我，就算因為工作的關係身心俱疲，一旦有人找她幫忙，她絕對會義不容辭地答應，但往往事情結束以後，覺得自己都被掏空了，似乎這些為他人付出的行動都沒得到什麼回報。

直到有一天，她忽然跟我說，覺得自己好像很沒有價值，別人有事情需要幫忙才會找她，但有好事的時候卻不一定會想到她，希望能做出一些改變，不想再當好好小姐了。

她說，曾經在一張牌卡上看見一個很符合自己的圖像：有一群人圍成圈圈，圈圈外有一個人，而圍圈圈的那群人看不到外面的那個人，不過外面的人看起來很開心，圈外的人認為別人快樂，自己就會快樂。當時慧玲把自己定位成在外面的那個人，自己不一定要是主角，看著大家開心就夠了。

幫助他人，或者讓朋友們快樂，不是一件很有成就感的事嗎？明明應該是件可以充電的行為，不知何時變成了一種很消耗能量的事，曾經很喜歡那個站在圈圈外的自己，如今卻無法再繼續喜歡下去了。

聽著聽著，我心裡很能感同身受，我跟她說，其實我以前也是個好好先生，很容易迷失在他人的需要裡，把自己弄得很忙，但都沒有把時間與心力放在自己身上，有一段時間也不喜歡自己。

當一個人不知道自己是誰，無法肯定自己、喜歡自己的時候，就只能透過別人來定義自己是怎麼樣的人、自己有什麼樣的價值，變得想要取得他人的肯定、讚美與喜歡，最後就會離自己越來越遠了。

幸好，我後來靠一個練習找回了自己，那就是**練習「說不」**。

「說不」是「拒絕」，也就是對他人的提議表示不接受。拒絕跟找回自己有什麼關係呢？因為對他人說「不」的同時，也是在對自己說「好」，**我們之所以拒絕他人，是憑著自己有著更重要的理由**，因為有好理由，所以站得穩，才有了說不的底氣。

學習「正面說不」

記得在我年輕時，還沒有自我對話的習慣，對自己的感受與需求非常遲鈍，當別人提出請求的時候，總是因為「沒有反對的理由」而答應人家，所以老是把時間花在他人身上。後來，開始感到不太對勁，想要試著拒絕，但聽到對方問「為什麼」的時候，卻因為說不出個好理由而支支吾吾，最後還是答應了。

想起當時的自己，之所以說不出拒絕的原因，是因為不知道自己要什麼，所以就算感覺不想答應，卻也因為找不到理由而只好妥協。（不過仔細想想，「不想答應」本身也可以是個理由，不是嗎？）如果知道自己要什麼，整件事情就會變得很簡單。當別人提出請求時，我感覺身體需要休息，沒有餘力幫忙，所以就可以回應對方：「我最近好累，需要休息一下，你可以請別人幫忙嗎？」

對自己說好，其實並不難，只要對當下的自我需要足夠了解就可以了。不過，對他人說不，真正難的地方，其實是人際關係的維持。

很多人對自己的需要很了解，但依然很難說不，是因為在**「行使自己權力」**與**「和他人的關係」**之間陷入了兩難，深怕拒絕他人之後，可能被疏遠、被討厭、被罵，甚至被私底下報復。這些「難以拒絕」的背後，都有著「害怕被討厭」的心理，有時若被人抓住這樣的心理並惡意利用的話，不僅在各方面都會吃虧，在夜深人靜時，還會厭惡自己的善良。

在不同的人生階段都會有不一樣的「想說不，卻又難說出口」的情境在等著我們，這還真是一輩子的課題。但如果在說不的時候，有個可以依循的方法，那該有多好？

全球知名的談判專家、哈佛談判專案中心的主持人，威廉・尤瑞博士，提出了一個「正面說不」的概念，讓人在拒絕他人時，既能夠顧及自己的權益，又能維繫他人的關係。

他說，一般的拒絕，我們通常說話的開頭是「不」，結尾也是「不」。比方說，做父母的難免會這樣罵小孩：「不要再玩了，趕快睡覺！再不乖乖躺好，爸爸要打屁屁囉！」開頭的「不要再玩了」就是一個「不」，表現出了抗拒，而後面說「要打屁屁喔」是威脅命令，也是一個「不」。

但「正面說不」卻是以「好」開頭，也以「好」來結尾，把「不」放在兩個好的中間。這個架構可以用一個口訣來記憶，就是**「好、不、好嗎」**。

好：先思考對自己而言更優先且重要的事，同時表達對於對方的認同。

不：說明自己的立場，明確拒絕。

好嗎：最後再一次感謝對方的心意，並提出一個折衷的邀請。

舉例來說，有朋友收到你的喜帖，知道你要舉辦婚禮，自告奮勇說可以找他主持。但你已經有主持人的人選了，不過對方的熱心讓你不知該怎麼應對，又不想傷對方的心，你可以利用這三個步驟來回答：

好：「謝謝啦！我有想到你耶，之前看你主持真的很棒，很欣賞你主持的節奏跟口條，創造很溫暖的感覺呢！因為我們對婚宴的規畫，是用最親近的好友來當工作人員，所以我找了很了解我們夫妻的好朋友來當婚宴的主持人。」

不：「感謝你的心意，這次就請你好好享受喜酒吧！」

好嗎：「但是如果有朋友需要，我一定向他們推薦你的！」

再舉一個例子，朋友跟你說：「聽說你升官了，恭喜啊，我幫你辦個Party吧？我陪你喝到掛！」但是你剛好最近很累，想要休息，你可以這樣說：「謝啦！你這樣一說，我才想到我們很久沒好好一起吃飯了！不過我最近一直加班，身體需要照顧，所以我這陣子拒絕了不少吃飯喝酒的局，真不好意思啦！但是很高興你主動邀約，等我養精蓄銳，之後有什麼飯局再約我吧，我到時候一定奉陪的！」

這裡的「好」是先說謝謝並說出對方心意。「不好」的部分，是表明立場，委婉而明確的拒絕。最後「好嗎」，提出一個能夠維護關係的折衷方案。

說不的這三個步驟對我的幫助非常大，後來慧玲也透過這三個步驟，找回為自己說話的能力，一點一滴地將生活的掌控權拿回來。

我認為慧玲最大的改變，就是更誠實地面對自己。過去她總是很珍惜與朋友相聚的機會，所以把時間用飯局和約會填滿，雖然充實但也很累，沒有時間為自己做打算。後來她開始更在乎自己的平衡，有條理地分配「與人見面」和「自己休息」的時間，也懂得避開讓自己感到消耗的關係，盡可能只留下能為彼此充電的朋友。

我也相信，說不的這三個步驟，也能夠幫助你跟好好先生、好好小姐的稱號說再見，找回人生的主導權，讓你離自己的心更靠近一些。

小虎說……

8 學會對自己說「好」，才有力量對他人說「不」

學會對自己說「好」，
才能讓自己「主動」往快樂靠近。

有一次，學員問我：「該怎麼拒絕他人的請求而不傷和氣？」我分享了「好、不、好嗎」的三個步驟給他，學員聽完，有點害羞地說：「光是要說出第一個『好』我就卡住了耶，如果我拒絕別人的邀約是我想在家打電動，這理由會不會太差？我又該怎麼說出口？」

聽到這個疑問，忽然心裡的某一塊就被觸動到了，在我自己的經歷中，遊戲曾經拯救過我的生活呢！

在我剛出社會的時候，很常把時間花在參加聚會、社團活動等，一開始覺得這樣的生活很充實、很開心，但時間久了，發現自己在這些過程中並沒有得到什麼成長，所以也開始覺得困擾。

幸好，後來有個機緣讓我慢慢學會處理這樣的狀況。

我有個高中同學，是來自日本的留學生，他叫亮太，高中三年我們都住在同寢室，每天晚上都會聊天。他還會偷偷帶電玩主機來學校，每天晚上等舍監睡著之後，就會邀我們爬起來偷玩（雖然舍監發現時也是睜一隻眼閉一隻眼），當時我們關係非常好。

高中畢業之後，他離開臺灣到武漢就讀大學，畢業後又回到日本，隔著大海，有很長的時間沒有連絡。直到我們都出社會，開始工作之後的某一年，亮太忽然從日本打了長途電話來，讓我感到很驚喜，原來他要來臺灣長期出差了！我很熱情地招待他，並且協助他找辦公室和住處。

當一切都安定下來之後，亮太跟我說：「小虎，再請你幫我一個忙，你可以幫我找找看，哪裡買PlayStation比較便宜嗎？」我才知道，原來他出社會之後還一直都有在玩遊戲。

一開始，他偶爾會邀請我下班之後到他家去玩遊戲，後來變成我想玩遊戲的時候，就跑到他家。有一天他跟我說：「欸，我最近有想要玩的動作遊戲，你太常來，我就沒有辦法破關了啦！既然這麼喜歡玩遊戲，也有賺錢，你為什麼不自己買一臺呢？」

亮太這麼一說，我才忽然意識到，剛開始當講師的時候，我腦中一直有個「為了維護老師的形象，不可以沉迷玩樂」的想法，所以即使學生時代的我很喜歡玩遊戲，出了社會也一直沒有接觸電玩，甚至連出國旅行都沒有，所有的時間就是一直在工作，或是處理別人的請求。當時我一直都不知道，這樣的生活很不快樂，直到後來亮太來了，我找到一個藉口讓自己玩遊戲，才覺得生活中原來可以有這麼多樂趣。

我告訴亮太這些想法，他就很熱血地拉著我跑到臺北地下街，買了一臺掌上型遊戲機PlayStation Vita，還推薦我幾款遊戲。

忽然，我的生活開始出現更多的樂趣，整個人都變得很有精神。所以，如果我說當時電玩拯救了我的生活，也不為過吧！

但是，如同我前面所說，當時生活中一直都有很多的邀請，等著我去回應，對我來說，實在沒辦法開口對別人說：「我不想參加活動，因為想窩在家裡打電動。」覺得這樣說太丟臉了，如果被追問：「為什麼想在家玩遊戲？」「是什麼遊戲對你來說這麼重要？」之類的問題時，我會覺得很難回答，也很麻煩。而且我最在意的是，不希望別人覺得原來在我心目中，電玩比人際關係還重要。

後來想起我買遊戲機之後對亮太說的話：「玩遊戲雖然也會累，因為有很多關卡需要動腦或是反覆嘗試，但這些過程卻讓我覺得很放鬆，原來這也是一種休息的方式啊！」我才恍然大悟，玩遊戲不是「目的」，而是可以好好放鬆的「手段」而已。

因為知道忽略自身的休息需求會對一個人造成多糟糕的長期影響，所以我也就比較有自信告訴別人自己需要休息。

在那之後，如果要在家玩遊戲而想拒絕朋友的邀約，我就會這樣說：「謝謝你的邀請，因為我最近一直在參加社交場合，精神比較疲累了，需要自己獨處一下來充電，所以就不參加這次的聚會囉！等我狀態比較好的時候再奉陪啦！」

這樣聽起來確實容易接受多了，對吧？

而且，就算事後別人問起：「你說要一個人充電，後來做了什麼？」的時候，你開口說你在玩遊戲，也不會覺得很羞恥，因為這件事情的背後有一個深層的需要，所以不會批判你自己，也不會有人可以批判你。

複習一下「正面說不」的三個步驟：

好：謝謝邀請，因為最近精神比較疲累，需要自己獨處一下來充電。

不：所以就不參加這次的聚會囉！

好嗎：等我狀態比較好的時候再奉陪啦！

不知道該怎麼拿出好理由的時候，去想想要做的事情背後的意義，相信你一定能找到能說服你自己的答案！

話說回來，在重返遊戲時光的同時，我也得到了一個很重要的人生啟示：**學會對自己說「好」，才能讓自己「主動」往快樂靠近**。

過去我總是很「被動」，被動地回應他人的邀請、被動地接受別人對待自己的方式、被動地等著休息的機會……這樣的被動，是因為過去對自己的感受非常遲鈍，不知道當下的感覺，更不知道自己有什麼需求，所以就不會主動去爭取，而是被動地接受。有人說我的優點就是很溫和，總是能夠逆來順受，脾氣也很好，但其實那只是因為我以為自己沒有選擇而已。

但是，當我開始學會聆聽自己的需要，並且勇敢把「不」說出來之後，才發現原來可以過得更開心，有更多時間和精力可以運用。當我懂得表達感受與需要時，也更容易被人放在心上，有好事的時候會想到我，也會把我的喜好放在考量當中。

對我來說，學會拒絕，大大地改變了我的人生，希望看到這裡的你，也能夠透過**學會對自己說「好」**，**讓自己有力量說「不」**，讓那些你不想要的遠離你，就有更多空間來容納那些，還沒出現但更適合你的人事物了。

圓神出版事業機構 Eurasian Publishing Group 用心與你對話・視野無限寬廣
圓神出版社 Eurasian Press

www.booklife.com.tw reader@mail.eurasian.com.tw

勵志書系 156

從我開始的關係功課：先和自己打好關係，才能與他人建立好感連結

作　　者／羅鈞鴻（小虎）、徐慧玲 Lynn
發 行 人／簡志忠
出 版 者／圓神出版社有限公司
地　　址／臺北市南京東路四段50號6樓之1
電　　話／（02）2579-6600・2579-8800・2570-3939
傳　　真／（02）2579-0338・2577-3220・2570-3636
副 社 長／陳秋月
主　　編／賴真真
專案企畫／沈蕙婷
責任編輯／歐玟秀
校　　對／歐玟秀・林振宏
美術編輯／林雅錚
行銷企畫／陳禹伶・林雅雯
印務統籌／劉鳳剛・高榮祥
監　　印／高榮祥
排　　版／陳采淇
經 銷 商／叩應股份有限公司
郵撥帳號／18707239
法律顧問／圓神出版事業機構法律顧問　蕭雄淋律師
印　　刷／祥峯印刷廠
2023年5月 初版

定價 350 元　ISBN 978-986-133-873-6

原來真正的成長，是從「我應該」，進入「我決定」。

——《從我開始的關係功課：先和自己打好關係，才能與他人建立好感連結》

國家圖書館出版品預行編目資料

從我開始的關係功課：先和自己打好關係，才能與他人建立好感連結／羅鈞鴻（小虎），徐慧玲Lynn著. -- 初版. -- 臺北市：圓神出版社有限公司, 2023.05
208 面；14.8×20.8 公分. --（勵志書系；156）
ISBN 978-986-133-873-6（平裝）
1.CST：溝通 2.CST：傳播心理學 3.CST：人際關係 4.CST：自我實現
177.1 112003619